MOEWIG/ALEXANDRA
SACHBUCH

Frank Wittich
Herausgeber: Rechtsanwalt Dr. Volker Thieler

IHR GUTES
RECHT
AB 18

MOEWIG/ALEXANDRA

SACHBUCH

Originalausgabe

MOEWIG Band Nr. 3282
Verlagsunion Erich Pabel-Arthur Moewig KG, Rastatt

Originalausgabe
Herausgeber: Rechtsanwalt Dr. Volker Thieler
© 1989 by Autor und
Verlagsunion Erich Pabel-Arthur Moewig KG, Rastatt
Bearbeitung: Peter Bramböck
Umschlagentwurf und -gestaltung: Werbeagentur Zeuner, Ettlingen
Auslieferung in Österreich:
Pressegroßvertrieb Salzburg Gesellschaft m.b.H.,
Niederalm 300, A-5081 Anif
Printed in Germany 1989
Druck und Bindung: Ebner Ulm
ISBN 3-8118-3282-4

Inhalt

Abkürzungsverzeichnis

a.A.	anderer Ansicht
a.a.O.	am angegebenen Ort (d.h. an der kurz vorher zitierten Stelle)
Abs.	Absatz
AG	Amtsgericht
AGBG	Gesetz zur Regelung des Rechts der Allgemeinen Geschäftsbedingungen (AGB-Gesetz)
BAföG	Bundesgesetz für individuelle Förderung der Ausbildung (Bundesausbildungsförderungsgesetz)
BayObLG	Bayer. Oberstes Landesgericht
BayObLGZ	Sammlung von Entscheidungen des BayObLG in Zivilsachen
BetrVG	Betriebsverfassungsgesetz
BFH	Bundesfinanzhof
BGB	Bürgerliches Gesetzbuch
BGH	Bundesgerichtshof
BGHZ	Sammlung von Entscheidungen des BGH in Zivilsachen
BKGG	Bundeskindergeldgesetz
BSG	Bundessozialgericht
BSHG	Bundessozialhilfegesetz

Abkürzungsverzeichnis

BStBl. II	Bundessteuerblatt Teil II
BVerwG	Bundesverwaltungsgericht
EGBGB	Einführungsgesetz zum BGB
EheG	Ehegesetz
Erl.	Erläuterung
f., ff.	(und) folgende
FamRZ	Zeitschrift für das gesamte Famileinrecht
Gernhuber	J. Gernhuber, Lehrbuch des Familienrechts, 3. Auflage 1980
GG	Grundgesetz für die Bundesrepublik Deutschland
GVG	Gerichtsverfassungsgesetz
HGB	Handelsgesetzbuch
JGG	Jugendgerichtsgesetz
JWG	Jugendwohlfahrtsgesetz
KG	Kammergericht (= OLG Berlin)
LG	Landgericht
MDR	Monatsschrift für Deutsches Recht
MünchK	Münchener Kommentar zum BGB, Band 5, Familienrecht, 2. Halbband, 2. Auflage 1987
NJW	Neue Juristische Wochenschrift
OLG	Oberlandesgericht
OWiG	Ordnungswidrigkeitengesetz

Palandt	Palandt, Kommentar zum BGB, 47. Auflage 1988
RN	Randnummer
RVO	Reichsversicherungsordnung
S.	Satz
Soergel	Soergel, Kommentar zum BGB, Band 8, Familienrecht II, 12. Auflage 1987
StGB	Strafgesetzbuch
StVZO	Straßenverkehrs-Zulassungs-Ordnung
u.a.	unter anderem
u.ä.	und ähnliche(s)
VGH	Verwaltungsgerichtshof
WStG	Wehrstrafgesetz
ZPO	Zivilprozeßordnung

Kapitel I

Allgemeines

Der Rechtsstand des jungen Menschen als Mitglied der Erwachsenenwelt

Das Gesetz zum Schutze der Jugend in der Öffentlichkeit und das Jugendarbeitsschutzgesetz enthalten Vorschriften zum Schutz Jugendlicher vor Alkohol. Wer 18 Jahre alt ist, gilt aber nicht mehr als Jugendlicher, so daß jene Verbote ihn nicht mehr binden. Im Rahmen ihres Personensorge- und Erziehungsrechts können Eltern Kindern nur so lange den Alkoholkonsum verbieten oder einschränken, wie die Kinder minderjährig sind. Lebt ein volljähriges Kind noch bei den Eltern, muß es freilich seinen Alkoholkonsum im Rahmen des für die Eltern Zumutbaren halten (Beistands- und Rücksichtspflicht, § 1618a BGB).

Von Allgemeinen Geschäftsbedingungen ist zu sprechen, wenn es um Vertragsbedingungen geht, die eine Vertragspartei für eine Vielzahl von Verträgen vorformuliert hat und deren Annahme sie beim Abschluß eines Vertrages fordert. Es kommt nicht darauf an, ob die Bestimmungen im Vertragstext selbst zu finden sind oder in einem eigenständigen Text stehen (§ 1 AGBG).

„Allgemeine Geschäftsbedingungen werden nur dann Bestandteil eines Vertrages, wenn der Verwender [d. h. derjenige, der sie vorformuliert hat und ihre Anwendung fordert] bei Vertragsabschluß
1. die andere Vertragspartei ausdrücklich oder, wenn ein ausdrücklicher Hinweis wegen der Art des Vertragsabschlusses nur unter unverhältnismäßigen

Schwierigkeiten möglich ist, durch deutlich sichtbaren Aushang am Ort des Vertragsabschlusses auf sie hinweist und
2. der anderen Vertragspartei die Möglichkeit verschafft, in zumutbarer Weise von ihrem Inhalt Kenntnis zu nehmen, und wenn die andere Vertragspartei mit ihrer Geltung einverstanden ist" (§ 2 Abs. 1 AGBG).

§ 3 AGBG: „Bestimmungen in Allgemeinen Geschäftsbedingungen, die nach den Umständen, insbesondere nach dem äußeren Erscheinungsbild des Vertrages, so ungewöhnlich sind, daß der Vertragspartner des Verwenders mit ihnen nicht zu rechnen braucht, werden nicht Vertragsbestandteil."

§ 4: „Individuelle Vertragsabreden haben Vorrang vor Allgemeinen Geschäftsbedingungen."

§ 5: „Zweifel bei der Auslegung Allgemeiner Geschäftsbedingungen gehen zu Lasten des Verwenders."

§ 6 Abs. 1: „Sind Allgemeine Geschäftsbedingungen ganz oder teilweise nicht Vertragsbestandteil geworden oder unwirksam, so bleibt der Vertrag im übrigen wirksam."
Abs. 2: „Soweit die Bestimmungen nicht Vertragsbestandteil geworden oder unwirksam sind, richtet sich der Inhalt des Vertrages nach den gesetzlichen Vorschriften."
Abs. 3: „Der Vertrag ist unwirksam, wenn

das Festhalten an ihm auch unter Berücksichtigung der nach Absatz 2 vorgesehenen Änderung eine unzumutbare Härte
für eine Vertragspartei darstellen würde."

§ 9 Abs. 1: „Bestimmungen in Allgemeinen Geschäftsbedingungen sind unwirksam, wenn sie den Vertragspartner des
Verwenders entgegen den Geboten von
Treu und Glauben unangemessen benach-
teiligen."
Abs. 2: „Eine unangemessene Benachteili-
gung ist im Zweifel anzunehmen, wenn
eine Bestimmung
1. mit wesentlichen Grundgedanken der
gesetzlichen Regelung, von der abgewi-
chen wird, nicht zu vereinbaren ist, oder
2. wesentliche Rechte oder Pflichten, die
sich aus der Natur des Vertrages ergeben,
so einschränkt, daß die Erreichung des
Vertragszwecks gefährdet ist."

Arbeitslosengeld erhält, wer arbeitslos **Arbeits-**
ist, eine abhängige Beschäftigung (also als **losengeld**
Arbeitnehmer) sucht und der Arbeitsvermittlung zur Verfügung steht. Er muß
die Anwartschaftszeit erfüllt haben. Ferner muß er sich persönlich arbeitslos
melden und einen Antrag auf Arbeitslosengeld stellen. Sind diese Voraussetzungen erfüllt, kommt es weder auf Volljährigkeit noch auf Bedürftigkeit an. Die
Anwartschaftszeit ist nicht dasselbe wie
eine Beitragszeit, da gewisse Tätigkeiten
(z.B. Wehr- und Zivildienst, Mutterschaft)
einer beitragspflichtigen Beschäftigung
gleich gerechnet werden.

Als Arbeitslosigkeit gilt auch eine Beschäftigung von weniger als 19 Stunden in der Woche.

Arbeitslosengeld wird erst nach einer Sperrzeit von sechs bis zwölf Wochen gezahlt, wenn der Arbeitslose ohne wichtigen Grund selbst das Arbeitsverhältnis gelöst oder wenn er durch vertragswidriges Verhalten Anlaß für eine Kündigung durch den Arbeitgeber gegeben hat. Eine Sperrzeit gibt es ebenfalls, wenn sich der Arbeitslose weigert, eine zumutbare Arbeit anzunehmen oder anzutreten. Nimmt der Arbeitslose an einer Maßnahme zur beruflichen Ausbildung, Fortbildung, Umschulung oder zur Verbesserung der Vermittlungsaussichten oder zur beruflichen Rehabilitation nicht teil, ohne daß er sich auf einen wichtigen Grund berufen kann, erhält er während der Dauer der Maßnahme kein Arbeitslosengeld. Voraussetzung ist in solchen Fällen immer, daß der Arbeitslose auf diese Rechtsfolgen hingewiesen worden ist. Eventuell besteht ein Anspruch auf Sozialhilfe während der Sperrzeit.

Arbeitslosengeld ist eine Versicherungsleistung.

§ 118a AFG, wonach Schüler und Studenten vom Bezug des Arbeitslosengeldes ausgeschlossen waren, wurde vom Bundesverfassungsgericht für nichtig erklärt und deswegen durch Gesetz vom 14. 12. 1987 aufgehoben.

Arbeitslosenhilfe

Arbeitslosenhilfe kommt in Betracht, wenn ein Anspruch auf Arbeitslosengeld generell nicht besteht oder wegen Ablaufs von dessen Höchstbezugsdauer nicht mehr gegeben ist.

Arbeitslosenhilfe ist keine Versicherungsleistung, sondern eine staatliche Hilfe. Auch auf sie besteht jedoch Anspruch, sofern bestimmte Voraussetzungen erfüllt sind. Der Anspruch auf Arbeitslosenhilfe setzt nicht unbedingt voraus, daß man zuvor als Arbeitnehmer beschäftigt war. Wehr-, Zivil- und Referendardienst genügen, ebenso der Bezug von Unterhaltsgeld wegen der Teilnahme an einer Maßnahme der Fortbildung bzw. Umschulung oder der längere Bezug von Sozialleistungen zum Bestreiten des Lebensunterhalts. Es genügen z.B. nicht Schul- oder Hochschulbesuch, Tätigkeiten als selbständiger oder als mithelfender Familienangehöriger, Zeiten als Hausfrau oder Hausmann in der Ehe.

Arbeitslosenhilfe erhält nur, wer als Arbeitnehmer arbeitslos ist, der Arbeitsvermittlung zur Verfügung steht, sich arbeitslos gemeldet und einen Antrag auf Arbeitslosenhilfe gestellt hat.

Im Gegensatz zum Arbeitslosengeld wird Arbeitslosenhilfe nur bei Bedürftigkeit gewährt. Bedürftig ist nicht, wer einen durchsetzbaren Anspruch auf Unterhalt gegen einen Verwandten oder gegen seinen Ehegatten oder geschiedenen Ehegatten hat.

Der Anspruch auf Arbeitslosenhilfe kann auch für Minderjährige bestehen, aber deswegen seltener als bei Volljährigen, weil der Minderjährige in der Regel eher einen Unterhaltsanspruch gegen seine Eltern hat als der Volljährige (siehe Kapitel V).

Grundsätzlich ist der Anspruch auf Arbeitslosenhilfe zeitlich nicht begrenzt, hört also nicht nach einer bestimmten Zeit auf, wie es beim Arbeitslosengeld der Fall ist.

Ausländer

Die Geschäftsfähigkeit, also die Mündigkeit, bestimmt sich nach dem Recht des Staates, dem die Person angehört (Art. 7 Abs. 1 EGBGB). Ist ein Ausländer noch keine 18 Jahre alt und trotzdem volljährig, behält er die Volljährigkeit auch dann, wenn er deutscher Staatsangehöriger wird (Art. 7 Abs. 2 EGBGB).

Bankkonto

Ist auf den Namen eines Minderjährigen ein Konto eingerichtet worden, kann er darüber verfügen, sobald er volljährig geworden ist. Im übrigen kann sich jeder Volljährige bei einer Bank oder Sparkasse oder beim Postspardienst ein Konto einrichten. Ein Girokonto ist das Konto, über das laufende Zahlungen abgewickelt werden; für ein Guthaben darauf gibt es kaum Zinsen, es ist aber ohne weiteres abrufbar. Ein Sparkonto (evtl. mit Sparbuch) ist für laufende Zahlungen weniger geeignet; der Zins ist höher als beim Girokonto, doch können Guthaben ab einer bestimmten Höhe nicht ohne weiteres abgerufen werden; außerdem kann ein Sparkonto nicht überzogen werden (siehe unter: Dispositionskredit).

Beamter kann man bereits ab 18 Jahren werden. Wegen der langen Vorbereitungszeit ist dies aber praktisch nicht möglich. Zum Beamten auf Lebenszeit kann man erst berufen werden, wenn man das 27. Lebensjahr vollendet hat.

Beamte

Wer kein Geld hat, um sich von einem Rechtsanwalt entsprechend der Rechtsanwaltsgebührenordnung rechtlich beraten zu lassen, kann beim Amtsgericht kostenlose Beratungshilfe erhalten oder bei ihm einen Berechtigungsschein für die Rechtsberatung durch einen Rechtsanwalt beantragen (Beratungshilfegesetz). Er kann sich aber auch direkt an einen Rechtsanwalt wenden, der ihn gleich berät oder für ihn einen Antrag auf Beratungshilfe stellt. Der Rechtsanwalt darf die Beratung nur aus wichtigem Grund ablehnen. In Berlin, Bremen und Hamburg gibt es eigene öffentliche Rechtsberatungsstellen. In Berlin kann der Rechtsuchende zwischen ihr und anwaltschaftlicher Beratungshilfe wählen.
Beratungshilfe gibt es für Zivilrecht (nicht Arbeitsrecht), Verwaltungsrecht, Verfassungsrecht, Strafrecht, Ordnungswidrigkeitenrecht, nicht aber für rein ausländisches Recht. Außer bei strafrechtlichen und bei Geldbußefällen umfaßt die Beratungshilfe neben der Beratung auch die Vertretung vor Gericht.

**Beratungs-
hilfe**

Der Inhaber eines Bank- oder Sparkassenkontos kann mit dem Geldinstitut verein-

**Disposi-
tionskredit**

baren, daß er sein Konto (Girokonto) auch dann belasten kann, wenn auf ihm nichts mehr vorhanden ist. Über welche Summe er verfügen kann, hängt von der jeweiligen Vereinbarung ab.

Ehemündig-keit

Wer volljährig ist, ist auch ehemündig. Nach § 1 Abs. 2 EheG kann das Vormundschaftsgericht auch einen 16-jährigen für ehemündig erklären, wenn der künftige Ehegatte volljährig ist. Der Minderjährige benötigt außerdem die Einwilligung des gesetzlichen Vertreters; aber auch davon kann das Vormundschaftsgericht befreien (§ 3 Abs. 3 EheG).

Euroscheck

Wer volljährig ist, kann sich von einer Bank oder Sparkasse eine Euroscheck-Karte und Euroscheck-Formulare aushändigen lassen. Der Inhaber stellt dann den Euroscheck aus durch Eintrag einer Geldsumme (in der Höhe begrenzt), des Datums und des Orts der Ausstellung sowie der Kartennummer und durch seine Unterschrift. Die Bank oder Sparkasse löst den Euroscheck auch ein, wenn er auf dem Konto nicht gedeckt ist. Sie geht damit ein Risiko ein und wird darauf achten, nur demjenigen die Euroscheck-Möglichkeit einzuräumen, bei dem sie einigermaßen sicher ist, daß das Risiko für sie nicht zu einem sicheren Verlust wird. Derjenige, der die Möglichkeit hat, Euroschecks auszustellen oder über seine Euroscheck-Karte mit Hilfe seiner Geheimnummer am Bankomaten zu Bargeld zu gelangen, muß sich der darin liegenden Verlockung und Gefahr bewußt sein: Ihm wird nichts geschenkt, leicht kann er sich in Schulden stürzen.

Die Fahrerlaubnis (Führerschein) der Klassen I a und III setzt die Vollendung des 18. Lebensjahrs voraus. Um die Fahrerlaubnis der Klasse I zu erlangen, muß man mindestens 20 Jahre alt sein und die Fahrerlaubnis der Klasse I a bereits zwei Jahre besessen haben. Die Fahrerlaubnis der Klasse II erhält nur, wer 21 Jahre alt ist. Von der Alterserfordernis kann die Verwaltungsbehörde Ausnahmen zulassen; bei Minderjährigen ist die Zustimmung der gesetzlichen Vertreter notwendig.

Einer Fahrerlaubnis zur Fahrgastbeförderung bedarf in der Regel (jedoch nicht bei der Bundeswehr, der Feuerwehr, beim Katastrophenschutz), wer unter anderem folgende Wagen fahren will: ein Personenfahrzeug mit mehr als acht Fahrgastplätzen (sog. Kraftomnibus), ein Taxi, einen Krankenkraftwagen. Voraussetzung ist, daß der Bewerber 21 Jahre alt ist (bei Krankenwagen: 19 Jahre). Hinzu kommt unter anderem eine Fahrpraxis. Die Regelungen finden sich in der Straßenverkehrs-Zulassungs-Ordnung.

Fahrerlaubnis

Ein Führerschein ist die Bescheinigung einer Fahrerlaubnis (siehe unter: Fahrerlaubnis).

Führerschein

Geschäfte am Arbeitsplatz Siehe unter: Haustürgeschäfte.

Geschäftsfähigkeit Der Volljährige ist unbeschränkt geschäftsfähig. Er hat keinen gesetzlichen Vertreter mehr, von dessen Zustimmung die Wirksamkeit seiner rechtsgeschäftlichen Erklärungen abhinge.

Haftpflicht Der Volljährige haftet für unerlaubte Handlungen, während es bei der Minderjährigkeit auf Zurechenbarkeit ankommt. Wer zwischen sieben und 18 Jahre alt ist, ist für seine Taten bürgerlichrechtlich nicht verantwortlich, „wenn er bei Begehung der schädigenden Handlung nicht die zur Erkenntnis der Verantwortlichkeit erforderliche Einsicht hat" (§ 828 Abs. 2 BGB). In diesem Fall kann der Erziehungsberechtigte wegen Verletzung der Aufsichtspflicht haftbar sein (§ 832 BGB).

Handwerk Für die Ausübung eines Handwerks ist nur insoweit ein Mindestalter vorgegeben, als die Ausbildung erst nach der Beendigung der allgemeinen Schulpflicht beginnen kann und dann über zwei Jahre dauert und die Gesellenzeit mindestens drei Jahre beträgt. Wer Lehrlinge ausbilden will, muß in der Regel nicht nur den Meistertitel haben, sondern auch mindestens 24 Jahre alt sein.

Nach dem Gesetz über den Widerruf von Haustürgeschäften und ähnlichen Geschäften werden Sie geschützt, wenn Sie durch mündliche Verhandlungen an Ihrem Arbeitsplatz oder im Bereich Ihrer Privatwohnung einen Kaufvertrag abgeschlossen haben. Gleiches gilt auch im Hinblick auf die sogenannten Kaffeefahrten, wenn Sie zu dem Geschäft bei einer Freizeitveranstaltung überredet wurden, wenn Sie im Anschluß an ein überraschendes Ansprechen in Verkehrsbeförderungsmitteln oder im Bereich öffentlicher Verkehrswege zum Kaufabschluß veranlaßt wurden.

Das Widerrufsrecht nach diesem Gesetz gilt nicht nur für Kaufverträge, sondern auch für alle anderen entgeltlichen Vertragsgeschäfte wie z.B. Handwerkeraufträge oder Maklerverträge. Das Widerrufsrecht hängt nicht davon ab, ob der Kaufpreis auf einmal oder in Raten zu zahlen ist. Der Widerruf muß schriftlich innerhalb einer Woche erklärt werden.

Die Wochenfrist beginnt erst zu laufen, wenn Sie eine klar lesbare schriftliche Belehrung über das Widerrufsrecht erhalten haben. In der Belehrung muß auch angegeben sein, wohin Sie das Widerrufsschreiben schicken müssen. Die Belehrung gilt nur, wenn sie von Ihnen unterschrieben worden ist. Fehlt eine ordnungsgemäße Belehrung, verlängert sich die Widerrufsfrist. Das Widerrufsrecht erlischt erst dann, wenn beide Parteien ihre Leistungen vollständig erbracht haben. Nach dem Widerruf sind Sie und Ihr Vertragspartner verpflichtet, sich die

empfangenen Leistungen gegenseitig zu-
rückzugewähren. Das bedeutet, daß Sie
Ihr Geld zurückverlangen können; dafür
müssen Sie bereits erhaltene Sachen zu-
rückgeben.

**Heranwach-
sender**

Siehe unter: Ordnungswidrigkeiten, Strafrecht, Wehrstraftaten.

Jagdschein

Wer jünger als 18 ist, erhält nur einen Ju-
gendjagdschein, der mit gewissen Einschränkungen gegenüber dem normalen
Jagdschein verbunden ist. Wer einen Ju-
gendjagdschein hat und im Laufe des
Jagdjahres volljährig wird, ist weiterhin
an diese Einschränkungen gebunden,
wenn er sich nicht einen normalen Jagdschein besorgt. Auf jeden Fall erhält er
mit dem Beginn des neuen Jagdjahres einen Jagdschein ohne Einschränkungen.

Kaufmann

Kaufmann im Sinne des Handelsrechts
ist, wer ein Handelsgewerbe betreibt (§ 1
Abs. 1 HGB). Die Kaufmannseigenschaft
ist vom Alter unabhängig, da auch ein
Minderjähriger (durch seine gesetzlichen
Vertreter) ein Handelsgeschäft betreiben
kann. Die Kaufmannsqualität ist entscheidend für die Anwendung handels-
rechtlicher Vorschriften. Insbesondere
ist der Kaufmann im Rechtsverkehr im
allgemeinen weniger geschützt als der
Nichtkaufmann.

Auf Kindergeld hat die Volljährigkeit keinen Einfluß. Der Anspruch ist freilich vom Alter (Vollendung des 16. bzw. des 27. Lebensjahres) des Kindes abhängig. Das Kindergeld wird den Eltern zur Minderung ihrer Belastungen gezahlt. Nur Vollwaisen und Personen, die den Aufenthalt ihrer Eltern nicht kennen, können das Kindergeld selbst erhalten.

Man kann davon ausgehen, daß der Eigentümer eines Autos oder Motorrads auch dessen Halter ist. Das ist aber nicht zwingend. Halter ist, wer das Kraftfahrzeug auf eigene Rechnung gebraucht, nämlich die Kosten bestreitet, es nutzt und über es verfügt. Die Verfügungsgewalt besteht darin, daß der Fahrzeugbenutzer Anlaß, Ziel und Zeit seiner Fahrten selbst bestimmt.

Der Halter eines Kraftfahrzeugs mit regelmäßigem Standort in der Bundesrepublik Deutschland ist verpflichtet, für sich, den Eigentümer und den Fahrer eine Haftpflichtversicherung zur Deckung der durch den Gebrauch des Fahrzeug verursachten Personenschäden, Sachschäden und sonstigen Vermögensschäden gem. dem Pflichtversicherungsgesetz abzuschließen und aufrechtzuerhalten. Der Halter haftet nämlich für Schäden anderer, wenn die Schäden durch den Betrieb des Kraftfahrzeugs verursacht werden, auch wenn den Halter kein Verschulden trifft (sog. Halterhaftung). Das ist im Straßenverkehrsgesetz geregelt.

Mietrecht

Für viele junge Menschen ist der 18. Geburtstag gleichzeitig die Veranlassung, sich auf eigene Füße zu stellen und insbesondere eine eigene Wohnung zu mieten. Wir wollen hier in der gebotenen Kürze einen knappen Überblick über die wichtigsten Punkte geben, die bei Abschluß und während der Dauer des Mietvertrags zu berücksichtigen sind.

1. Mietvertragsabschluß

Egal, ob Sie nun mit Ihrer Freundin oder Ihrem Freund in eine Wohnung zusammenziehen, Sie sollten sich genau überlegen, wer den Mietvertrag abschließt. Es gibt hierzu mehrere Alternativen:

a) Beide Parteien schließen den Mietvertrag ab
In diesem Fall haften beide auch für den Mietvertrag. Will einer von beiden ausziehen, geht dies eigentlich nicht ohne Zustimmung des Vermieters und des anderen Mietpartners. Ein Partner, der einfach auszieht, ohne hierzu die Genehmigung des Vermieters einzuholen, welcher mit der Aufhebung des Mietvertrages gegenüber dem einen Partner einverstanden sein muß, haftet auf die Laufdauer des Vertrages für etwaige Mietrückstände und Schadenersatzansprüche.

b) Nur ein Partner unterzeichnet den Mietvertrag
Auch dies ist sehr riskant, weil dann der andere Partner keine Mietrechte hat.

2. Miete und Nebenkosten

Klären Sie, wer von beiden Partnern Miete, Nebenkosten und Kaution bezahlt. Einigen Sie sich insbesondere darüber, wem die Kaution zusteht, falls der Mietvertrag aufgehoben wird oder falls einer der beiden Partner vorzeitig auszieht.

3. Kündigung

Der Wunsch des einen Partners, aus der Wohnung auszuziehen, gibt ihm nicht das Recht, einen langfristigen Mietvertrag zu kündigen. Am besten wäre eine Vereinbarung zwischen jedem Partner und dem Vermieter, daß auch bei mehreren Mietern einer von ihnen jederzeit kündigen kann. Vereinbaren Sie mit dem Partner, wie es mit Besuch von Freunden oder Freundinnen wird. Denken Sie nur an den Fall, daß einer der beiden Partner sich vom anderen trennt und nunmehr ständig neue Freundinnen oder Freunde in die Wohnung nimmt.

4. Gegenstände

Klären Sie schriftlich, wem die Gegenstände in der Wohnung gehören.

Nichteheliche Lebensgemeinschaft

Der Gesetzgeber hat leider keine Gesetze geschaffen, die eine nichteheliche Lebensgemeinschaft regeln. Die Rechtsprechung geht davon aus, daß, wenn keinerlei Verträge geschlossen worden sind, auch keine gegenseitigen Ansprüche gegeben sind.

Im Rahmen eines Partnervertrages sollten Sie daher folgendes klären:
1. Wem gehört die Mietwohnung (siehe unter Mietrecht)?
2. Wem gehören die Gegenstände in der Wohnung?
3. Wer zahlt das Haushaltsgeld und die Miete?
4. Bei Beendigung der Partnerschaft gehören welche Gegenstände wem?

Was geschieht, wenn einer der beiden Partner stirbt? Hat der andere Partner keinen Mietvertrag, erlangen die Erben sofortigen Besitz an den Mieträumen und können ihn aus der Wohnung werfen. Wie kann der andere Partner beim Todesfall nachweisen, welche Gegenstände ihm gehören? Schreiben Sie sich genau auf, wer Eigentümer von welchen Gegenständen ist, und heben Sie sich die Belege auf. Sie können durch einen Partnervertrag auch Unterhaltsansprüche regeln. Sie sollten in dem Partnervertrag die Postvollmacht genauso regeln wie Bankvollmachten. Seien Sie vorsichtig mit Kredit- und Darlehensverträgen, weil Sie hier auch nach Ende der Partnerschaft noch haften können. Dies gilt insbesondere für Bürgschaften. Denken Sie daran, daß (anders als in der Ehe, bei der sämtliche Rechtsprobleme praktisch durch das Gesetz geregelt werden) für die Partnerschaft keinerlei Regelungen existieren. Für jahrelange Tätigkeit im Haushalt gibt es z.B. in der nichtehelichen Lebensgemeinschaft keinen Zugewinnausgleich. Wenn einer der beiden Partner durch sei-

ne Tätigkeit Geld verdient und beispielsweise Immobilienvermögen anlegt, so ist
der andere Partner daran nicht beteiligt.
Bei Ende der Partnerschaft steht oft einer
der beiden Partner völlig vermögenslos
da.
Wenn Sie nähere Informationen hierzu
haben wollen, empfehlen wir Ihnen, sich
die Broschüre über „Ehe ohne Trau-
schein" bei der Alexandra Verlags GmbH
in 8120 Weilheim zu bestellen. In dieser
Broschüre ist auch ein Mustervertrag für
eine nichteheliche Lebensgemeinschafts-
vereinbarung enthalten.

Dies sind rechtswidrige Taten, die mit **Ordnungs-**
Geldbuße geahndet werden können. Wer **widrigkeiten**
volljährig ist, trägt volle Verantwortung.
Das Recht der Ordnungswidrigkeiten
kennt nur Besonderheiten für Heran-
wachsende (18- bis 20-jährige), wenn die
auferlegte Geldbuße nicht gezahlt wird:
Der Jugendrichter kann dem Heranwachsenden Auflagen machen (§ 98 OWiG).

Ein Deutscher, der das 16. Lebensjahr **Personal-**
vollendet und sich nicht durch einen Rei- **ausweis**
sepaß (siehe dort) oder einen Ausweis der
DDR ausweisen kann, ist verpflichtet,
sich einen Personalausweis ausstellen zu
lassen. Die erstmalige Ausstellung eines
Personalausweises an Personen, die noch
nicht 21 Jahre alt sind, ist gebührenfrei;
danach werden DM 10, – erhoben. Bei
Personen, die das 26. Lebensjahr noch
nicht vollendet haben, beträgt die Gültig-

keitsdauer nur fünf Jahre (ohne Verlängerungsmöglichkeit), sonst zehn Jahre.

Postsparkonto   Siehe unter: Bankkonto.

Rauchen   Grundsätzlich gilt hier für den Volljährigen dasselbe wie hinsichtlich des Alkoholkonsums (siehe unter: Alkohol).

Reisepaß   Einen Reisepaß braucht ein Deutscher nur, wenn dies außerhalb des Bundesgebietes einschließlich Westberlins verlangt wird. Er wird auch Minderjährigen ausgestellt, die allerdings, solange sie unverheiratet sind, die Zustimmung des gesetzlichen Vertreters beibringen müssen.

Schulpflicht   Die Schulpflicht richtet sich nach dem Lebensalter und nach der Zahl der zurückgelegten Schuljahre. Die Volljährigkeit hat darauf eigentlich keinen Einfluß; allerdings sind nun die Eltern nicht mehr verpflichtet und berechtigt, den Schüler zur Erfüllung seiner Schulpflicht anzuhalten.
Hat ein Volljähriger noch nicht genügend Volksschuljahre abgeleistet, so endet seine Volksschulpflicht gleichwohl mit dem Ablauf jenes Schuljahres, in dem er sein 18. Lebensjahr vollendet hat (dann beginnt die Berufsschulpflicht). Die Berufsschulpflicht endet mit Ablauf des Schuljahrs, in das der 21. Geburtstag fällt.

Auf Sozialhilfe besteht ein Anspruch, soweit das Bundessozialhilfegesetz bestimmt, daß Hilfe zu gewähren ist. Auf Volljährigkeit kommt es insofern an, als bei unverheirateten Minderjährigen auch das Einkommen und das Vermögen der Eltern zu berücksichtigen sind. Im Sozialhilferecht gilt nicht der strenge Grundsatz, daß ohne Antrag nichts gewährt wird.

Siehe unter: Bankkonto.

1. Der Volljährige als Täter

Im Strafrecht gilt der junge Mensch, der zur Zeit der Tat 14, aber noch nicht 18 Jahre alt ist, als Jugendlicher. Wer zur Tatzeit mindestens 18, aber noch nicht 21 Jahre alt ist, gilt als Heranwachsender (§ 3 S. 1 JGG). Es kommt also auf den Zeitpunkt der Tat, nicht etwa des Strafprozesses an. Der Jugendliche ist strafrechtlich nur dann verantwortlich, wenn er zur Zeit der Tat nach seiner sittlichen und geistigen Entwicklung reif genug ist, das Unrecht der Tat einzusehen und nach dieser Einsicht zu handeln (§ 3 S. 1 JGG). Diese Einschränkung gilt für den Heranwachsenden nicht mehr; dieser ist also uneingeschränkt verantwortlich.
Dennoch genießt derjenige, der zur Zeit der Tat Heranwachsender war, Vorteile:
– Wie über Verfehlungen Jugendlicher entscheiden über die Verfehlungen des

Heranwachsenden Jugendgerichte (je nach Schwere der Tat: Jugendrichter, Jugendschöffengericht, Jugendkammer, § 107 JGG).

– Auch im Verfahren gelten Besonderheiten; die Öffentlichkeit kann von der Verhandlung ausgeschlossen werden (§ 109 JGG).

– Hinsichtlich der Folgen der Tat wendet das Jugendgericht nicht die für jedermann geltenden Vorschriften des StGB, sondern Jugendstrafrecht an (§ 105 JGG), wenn

a. die Gesamtwürdigung der Persönlichkeit des Täters bei Berücksichtigung auch der Umweltbedingungen ergibt, daß er zur Zeit der Tat nach seiner sittlichen und geistigen Entwicklung noch einem Jugendlichen gleichstand, oder

b. es sich nach der Art, den Umständen oder den Beweggründen der Tat um eine Jugendverfehlung handelt.

Aufgrund der Tat eines Heranwachsenden können Weisungen als Erziehungsmaßregeln (also auch gegenüber Volljährigen!) angeordnet werden (§ 10 JGG), z.B. die Weisung, eine bestimmte Stundenzahl bei einer gemeinnützigen Einrichtung zu arbeiten. Die Tat kann mit Zuchtmitteln (Verwarnung, Erteilung von Auflagen, Jugendarrest, §§ 13 ff. JGG) oder mit Jugendstrafe geahndet werden, wenn Erziehungsmittel nicht ausreichen (§ 5 Abs. 2 JGG). Die Jugendstrafe bedeutet Haft und kann von unbestimmter (höchstens vier Jahre) Dauer sein (§ 19 JGG). Das Höchstmaß der Ju-

gendstrafe mit bestimmter Dauer beträgt
bei Heranwachsenden zehn Jahre (§ 105
Abs. 3 JGG). Jugendstrafe wird grundsätzlich in besonderen Jugendstrafan-
stalten vollzogen. Das braucht aber bei einem Verurteilten, der das 18. Lebensjahr
vollendet hat, nicht zu geschehen (§ 92
Abs. 2 S. 1 JGG). Hat der Verurteilte das
24. Lebensjahr vollendet, soll die Jugendstrafe nach den Vorschriften des Straf-
vollzugs für Erwachsene vollzogen werden (§ 92 Abs. 2 S. 3 JGG). Es muß aber
bei dem betont erzieherischen Charakter
der Jugendstrafe bleiben (§ 91 JGG).

Wer ein Mädchen unter 16 Jahren zum
Beischlaf verführt, wird auf Antrag bestraft, wenn er das Mädchen nicht gehei-
ratet hat; das Gericht kann bei einem Heranwachsenden von Strafe absehen (§ 182
StGB). Dies kann es auch tun, wenn einem
Heranwachsenden vorgeworfen wird, er
habe mit einem Jungen unter 18 Jahren
homosexuelle Handlungen vorgenommen
(§ 175 Abs. 2 Nr. 1 StGB).

2. Der Volljährige als Opfer

Bis zur Vollendung des 18. Lebensjahrs
steht der Mensch unter besonderem
Schutz des Strafrechts. Beispiele: Wer
eine Person unter 18 Jahren durch List,
Drohung oder Gewalt ihren Eltern, ihrem
Vormund oder ihrem Pfleger entzieht,
wird wegen Kindesentziehung bestraft
(§ 235 StGB). Unter Strafe steht die Ent-
führung einer unverehelichten Frau unter 18 Jahren ohne Einwilligung ihrer Er-

ziehungsberechtigten (§ 236 StGB). Die Mißhandlung und der sexuelle Mißbrauch von Schutzbefohlenen unter 18 Jahren ziehen besondere Bestrafung nach sich (§ 174, § 223b StGB). Weitere Besonderheiten gibt es bei homosexuellen Handlungen mit Jungen unter 18 Jahren (§ 175 Abs. 1 StGB), bei der sog. Förderung sexueller Handlungen Minderjähriger (§ 180 StGB), der Förderung der Prostitution (§ 180a StGB), der Verbreitung pornographischer Schriften (§ 184 StGB). Sobald das Opfer das 18. Lebensjahr vollendet hat, gelten diese Schutzvorschriften nicht mehr. Von da an wird es genauso wie jeder andere Erwachsene durch das Strafrecht geschützt.

Wer gesetzlich zum Unterhalt verpflichtet ist und sich dieser Pflicht entzieht, so daß der Lebensbedarf des Unterhaltsberechtigten gefährdet ist oder ohne die Hilfe anderer gefährdet wäre, macht sich wegen Verletzung der Unterhaltspflicht gem. § 170b StGB strafbar, ohne daß es darauf ankommt, ob der Unterhaltsberechtigte volljährig ist.

Verträge

Solange jemand minderjährig ist, benötigt er grundsätzlich zum rechtsverbindlichen Abschluß eines Vertrags die vorherige, gleichzeitige oder nachträgliche Zustimmung seiner gesetzlichen Vertreter. Es gibt davon Ausnahmen, insbesondere im Rahmen des sog. Taschengeldparagraphen (§ 110 BGB), im Rahmen eines selbständigen Betriebs eines Erwerbsgeschäfts (§ 112 BGB) bzw. eines Dienst- oder Arbeitsverhältnisses (§ 113 BGB), wofür freilich jeweils insgesamt die Ermächtigung der gesetzlichen Vertreter vorliegen muß.

Liegen diese Voraussetzungen nicht vor, ist der Vertrag, den der Minderjährige geschlossen hat, noch („schwebend") unwirksam, bindet ihn also nicht. Das ändert sich auch durch folgenden Eintritt der Volljährigkeit nicht. Diese macht daher einen solchen Vertrag nicht automatisch gültig. Er bedarf, damit er bindend wird, der nachträglichen Genehmigung durch den volljährig Gewordenen (§ 108 Abs. 3 BGB). Diese Genehmigung ist anzunehmen, wenn der Volljährige, der den Schwebezustand kannte oder zumindest mit ihm rechnete, sich so verhält, als wäre der Vertrag gültig.

Der Volljährige ist an Verträge gebunden, die während seiner Minderjährigkeit für ihn von seinen gesetzlichen Vertretern oder von ihm mit deren Zustimmung beschlossen worden sind.

Das Gesagte gilt auch für einseitige Rechtsgeschäfte, z. B. für Kündigungen.

Für Vertragsverletzungen muß der Volljährige aufkommen.

Volljährigkeit

Seit dem 1. 1. 1975 tritt die Volljährigkeit mit Vollendung des 18. Lebensjahres ein (§ 2 BGB). Sie beginnt am 18. Geburtstag um 0.00 Uhr.

Volljährigkeit bedeutet den Fortfall aller Rechtsbeschränkungen, die auf der Minderjährigkeit beruhten. Der junge

Mensch wird voll geschäftsfähig. Seine Eltern sind nicht mehr seine gesetzlichen Vertreter. Die elterliche Sorge (§ 1626 Abs. 1 BGB) endet – und damit die Personen- und Vermögenssorge. Der Volljährige ist prozeßfähig. Er hat volles Wahlrecht (siehe dort).

Waffen

Waffenschein, Waffenbesitzkarte und Munitionserwerbsschein werden erst erteilt, wenn der Antragsteller 18 Jahre alt ist. In der Regel kann er vorher auch solche Schußwaffen und Munition, für deren Erwerb es keiner besonderen Erlaubnis bedarf, nicht erwerben (§ 33 Waffengesetz).

Wahlrecht

Es wird unterschieden zwischen dem (aktiven) Wahlrecht und der Wählbarkeit (passives Wahlrecht).
Wahlberechtigt bei der Bundestagswahl sind gem. § 12 Bundeswahlgesetz alle Deutschen im Sinne des Art. 116 Abs. 1 GG, die am Wahltag das 18. Lebensjahr vollendet haben und seit mindestens drei Monaten in der Bundesrepublik Deutschland einschließlich Westberlins eine Wohnung innehaben (oder sich gewöhnlich aufhalten). Deutsche im Sinne der genannten Grundgesetzvorschrift sind nicht nur deutsche Staatsangehörige, sondern können auch ausländische Staatsangehörige oder Staatenlose sein, sofern sie als Flüchtling oder Vertriebener deutscher Volkszugehörigkeit oder als dessen Ehegatte oder Abkömmling in

dem Gebiet des Deutschen Reiches nach dem Stand vom 31.12.1937 Aufnahme gefunden haben. Das betrifft vor allem Aussiedler, die noch nicht eingebürgert sind.

In der Regel ist der 18. Geburtstag ebenso maßgeblich für die Wählbarkeit, z.B. für den Bundestag (§ 15 Bundeswahlgesetz). Eine Ausnahme gilt für den Bundespräsidenten. Wer dazu gewählt werden will, muß 40 Jahre alt sein (Art. 54 Abs. 1 GG). Ähnliche Altersuntergrenzen gelten in den Bundesländern z.B. für die Wahl zum Ministerpräsidenten.

Die Wehrpflicht beginnt mit 18 Jahren (Art. 12a Abs. 1 GG, § 1 Wehrpflichtgesetz). Der junge Mann kann zum Dienst in den Streitkräften, im Bundesgrenzschutz oder in einem Zivilschutzverband verpflichtet werden (Art. 12a Abs. 1 GG). **Wehrpflicht**

Wehrstraftaten oder militärische Straftaten sind im Wehrstrafgesetz geregelt. Das besondere Recht, das für Straftaten von Heranwachsenden gilt, ist auch hier anzuwenden (§ 3 Abs. 3 Wehrstrafgesetz). **Wehrstraftaten**

Wer Anspruch auf Ausbildungsförderung nach dem BAföG hat (siehe Kapitel VI), besitzt, selbst wenn er keine Förderung bezieht, keinen Anspruch auf Wohngeld. Für einen Studenten kommt Wohngeld daher nur in Frage, wenn er keine BAföG-Leistungen mehr bekommen kann, weil **Wohngeld**

er die Altersgrenze oder die Förderhöchstdauer überschritten oder die Ausbil-
dungsfachrichtung gewechselt hat. Voraussetzung ist weiterhin, daß er einen eigenen Hausstand auf Dauer gegründet
hat, also nicht vorübergehend vom elterlichen Haushalt getrennt ist. Die für Wohn-
geldentscheidungen zuständige Praxis
nimmt – meist in Verkennung der Reali-
tät – an, daß nach Abschluß des Studiums mit einer Rückkehr in die elterliche Wohnung zu rechnen sei (siehe dazu
Eylert in: Zeitschrift für Mietrecht 1988,
Seite 327).

Wohnsitz

Wohnsitz ist die rechtliche Zuordnung eines Menschen zu einer Gemeinde und
wird begründet durch die tatsächliche
Niederlassung mit dem Willen, den Ort
zum ständigen Schwerpunkt der Lebensverhältnisse zu machen (BayOblGZ 85,
161).
Ein Minderjähriger hat, soweit die Eltern
bzw. der zur Personensorge Berechtigte
nichts anderes bestimmen, den Wohnsitz
der Eltern bzw. des Sorgeberechtigten
(§ 11 BGB). Der volljährig Gewordene behält diesen Wohnsitz, bis er ihn aufhebt
(§ 11 S. 3 BGB).
Es wird angenommen, daß durch den
Aufenthalt an einem Studien- oder Aus-
bildungsort oder durch die Ableistung des
Wehrdienstes kein Wohnsitz begründet
wird. Entscheidend sind aber die tatsächlichen Umstände und der Wille des Volljährigen. Auf die Anmeldung bei der Mel-
debehörde kommt es nicht an, sie kann

aber als Beweis gedeutet werden. Der Wohnsitz hat rechtliche Bedeutung für behördliche und gerichtliche Zuständigkeiten sowie auch als Erfüllungsort für Verbindlichkeiten.

Der Soldat, der nicht nur seinen Wehrdienst leistet, hat (auch) am Standort seinen Wohnsitz (§ 9 BGB).

Bei einem doppelten Wohnsitz müssen die oben genannten Voraussetzungen an jedem der beiden Orte erfüllt sein. Die bloße Anmeldung genügt nicht.

Zivildienst

Die Ersatzdienstpflicht für denjenigen, der aus Gewissensgründen den Kriegsdienst mit der Waffe verweigert, beginnt mit dem 18. Geburtstag (Art. 12a GG).

Kapitel II

Arbeitsrecht

Spezielle Rechte des jungen Menschen im Arbeitsverhältnis

Nach § 5 Abs. 1 BetrVG werden als Arbeitnehmer Arbeiter und Angestellte einschließlich der Auszubildenden verstanden. Arbeiter ist nach diesem Gesetz, wer eine arbeiterrentenversicherungspflichtige Beschäftigung ausübt (§ 6 Abs. 1 BetrVG). Es kommt also nicht darauf an, wie jemand im Arbeitsvertrag bezeichnet ist; maßgebend ist vielmehr das Sozialversicherungsrecht. Auszubildende werden so eingeordnet wie der Vollarbeiter. Ähnliches gilt für Angestellte: Das sind solche Arbeitnehmer, die eine Beschäftigung ausüben, die über § 3 Abs. 1 des Angestelltenversicherungsgesetzes geregelt ist (§ 6 Abs. 2 BetrVG).

Arbeitnehmer

Der Arbeitnehmer (auch der Auszubildende) kann vom Arbeitgeber verlangen, daß ihm die Berechnung und Zusammensetzung seines Arbeitsentgelts erläutert wird; der Arbeitnehmer kann ein Betriebsratsmitglied zuziehen (§ 82 Abs. 2 BetrVG).

Arbeitsentgelt

Besonderer Arbeitsplatzschutz besteht während des Wehrdienstes (Grundwehrdienst, Wehrdienst bis zu zwei Jahren, Wehrübung); er ist durch das Arbeitsplatzschutzgesetz geregelt. Das Arbeitsverhältnis ruht (der Arbeitgeber braucht keinen Lohn und kein Gehalt zu zahlen; Ausnahme: öffentlicher Dienst). Eine ordentliche Kündigung durch den Arbeitgeber ist unwirksam. Ein befristetes Arbeitsverhältnis wird allerdings nicht ver-

**Arbeitsplatz-
schutz**

längert. Eine außerordentliche Kündigung ist weiterhin möglich; die Einberufung ist freilich kein Grund hierfür. Der Arbeitgeber muß dem Einberufenen zuvor den ihm zustehenden Erholungsurlaub gewähren, wenn dieser es wünscht. Für jeden Kalendermonat Wehrdienst (ausgenommen Wehrübung) kann der Arbeitgeber 1/12 des Jahresurlaubs abziehen. Das gilt entsprechend während des Zivildienstes.

**Arbeits-
verhältnis,
befristetes**

Ein Arbeitsverhältnis (aber nicht ein Ausbildungsverhältnis) ist normalerweise unbefristet. Ausnahmsweise sind auf höchstens 18 Monate befristete Arbeitsverhältnisse aufgrund des Beschäftigungsförderungsgesetzes vom 26. 4. 1985 erlaubt, und zwar:
– bei einer Neueinstellung oder
– bei der Weiterbeschäftigung eines Arbeitnehmers, der gerade bei dem Arbeitgeber seine Berufsausbildung abgeschlossen hat, falls der Arbeitnehmer sonst keinen Dauerarbeitsplatz bekommt.
Wird der Arbeitnehmer über diese Frist hinaus beschäftigt, wird aus dem befristeten ein unbefristetes Arbeitsverhältnis mit normaler Kündigungsfrist.

**Arbeitszeit-
ordnung**

Die Arbeitszeitordnung gilt für alle Arbeitnehmer über 18 Jahren und ist im gleichnamigen Gesetz geregelt.

Der Arbeitgeber hat den Berufsschul-
pflichtigen, auch wenn er älter als 18 Jahre ist (§ 9 Abs. 3 JugendarbeitsschutzG),
für die Teilnahme am Berufsschulunter-
richt freizustellen.

Berufsschule

§ 84 BetrVG:

**Beschwerde-
recht**

1. „Jeder Arbeitnehmer hat das Recht,
   sich bei den zuständigen Stellen des Betriebs zu beschweren, wenn er sich
   vom Arbeitgeber oder von Arbeitnehmern des Betriebs benachteiligt oder
   ungerecht behandelt oder in sonstiger
   Weise beeinträchtigt fühlt. Er kann ein
   Mitglied des Betriebsrats zur Unter-
   stützung oder Vermittlung hinzuziehen.
2. Der Arbeitgeber hat den Arbeitnehmer
   über die Behandlung der Beschwerde
   zu bescheiden und, soweit er die Beschwerde für berechtigt erachtet, ihr
   abzuhelfen.
3. Wegen der Erhebung einer Beschwerde
   dürfen dem Arbeitnehmer keine Nachteile entstehen."

Dies gilt auch für Auszubildende.

Außerdem kann sich der Arbeitnehmer
beim Betriebsrat beschweren. Dieser
muß, falls er die Beschwerde für berechtigt erachtet, beim Arbeitgeber auf
Abhilfe hinwirken (§ 85 Abs. 1 BetrVG).
Sind Betriebsrat und Arbeitgeber unter-
schiedlicher Meinung über die Berechtigung der Beschwerde, kann der Betriebsrat die Einigungsstelle anrufen (§ 85 Abs.
2 BetrVG), die zu gleichen Teilen vom Ar-

beitgeber und vom Betriebsrat bestellt sowie von einem unparteiischen Vorsitzenden geleitet wird (§ 76 BetrVG).

**Betriebs-
ausschuß**

Der Betriebsausschuß ist eine verkleinerte Formation des Betriebsrats und dazu bestimmt, dessen laufende Geschäfte zu führen (§ 27 Abs. 3 BetrVG). Man kann ihm ab 18 Jahren angehören, sofern man wenigstens sechs Monate lang in dem Betrieb beschäftigt ist.

Betriebsrat

Die Wahlberechtigung beginnt mit der Vollendung des 18. Lebensjahres (§ 7 BetrVG). Gewählt werden kann jemand, der wahlberechtigt ist und mindestens sechs Monate lang dem Betrieb angehört (§ 8 BetrVG). Gleiches gilt für die Personalvertretung im öffentlichen Dienst (§§ 13, 14 Bundespersonalvertretungsgesetz).
Von Wahlberechtigung und Wählbarkeit hängt ab, ob im Betrieb überhaupt ein Betriebsrat eingerichtet werden muß, denn dieser wird nur dann gewählt, wenn der Betrieb in der Regel (also abgesehen von Personalfluktuationen) mindestens fünf ständige wahlberechtigte Arbeitnehmer hat, von denen drei wählbar sind (§ 1 BetrVG).
Betriebsteile gelten als selbständige Betriebe, wenn sie die genannten Voraussetzungen des § 1 BetrVG erfüllen und wenn sie entweder räumlich weit vom Hauptbetrieb entfernt oder durch Aufgabenbereich und Organisation eigenständig sind (§ 4 BetrVG).

Ein Auszubildender, der dem Betriebsrat angehört, muß auf sein Verlangen hin nach Beendigung der Ausbildung weiterbeschäftigt werden, wenn nichts entgegensteht (§ 78a BetrVG).

Sie besteht aus allen Arbeitnehmern des Betriebs, auch den minderjährigen (§ 42 BetrVG).

Betriebsversammlung

Jeder Arbeitnehmer, auch der Auszubildende, kann vom Arbeitgeber verlangen, daß er mit ihm die Beurteilung seiner Leistungen sowie die Möglichkeit seiner beruflichen Entwicklung im Betrieb erörtert; dabei kann der Arbeitnehmer ein Betriebsratsmitglied hinzuziehen (§ 82 Abs. 2 BetrVG).
Siehe auch unter: Personalakten.

Beurteilung

Der Arbeitgeber hat persönlich oder durch einen Beauftragten den Arbeitnehmer vor Beginn der Beschäftigung über die Unfall- und Gesundheitsgefahren zu belehren sowie über Maßnahmen und Einrichtungen zur Abwendung dieser Gefahren zu unterrichten (§ 81 Abs. 1 BetrVG). Das gleiche gilt, wenn sich hinsichtlich der Gefahren etwas ändert (§ 81 Abs. 2 BetrVG). Eine Nichteinhaltung dieser Verpflichtung kann zu einer Schadensersatzpflicht des Arbeitgebers führen. Das gilt auch gegenüber Auszubildenden, da sie Arbeitnehmer sind.

Gefahren

Gehalt

Siehe unter: Arbeitsentgelt.

Jugendarbeits-schutz

Das Gesetz zum Schutze der arbeitenden Jugend gilt (abgesehen von der Freistellungspflicht für die Berufsschule) nur für Jugendliche bis zu 18 Jahren (§ 1 Abs. 1 Jugendarbeitsschutzgesetz). Ab Vollendung des 18. Lebensjahrs gilt die Arbeitszeitordnung. Es sind dann nicht mehr anwendbar die speziellen Vorschriften über die Dauer der Arbeitszeit, über Ruhepausen, tägliche Freizeit, Nachtruhe, 5-Tage-Woche, Samstags-, Sonntags- und Feiertagsruhe, längeren Urlaub, gefährliche Arbeiten, Akkordarbeit usw., die das Jugendarbeitsschutzgesetz umfaßt.

Jugend-vertretung

Beschäftigt ein Betrieb in der Regel wenigstens fünf jugendliche Arbeitnehmer, also solche, die noch nicht 18 Jahre alt sind, wird in der Arbeitnehmerschaft eine Jugendvertretung gebildet (§ 60 BetrVG). Wahlberechtigt ist jeder jugendliche Arbeitnehmer (§ 61 Abs. 1 BetrVG). Wählbar sind nicht nur jugendliche Arbeitnehmer, sondern alle Arbeitnehmer des Betriebs, die noch nicht 24 Jahre alt sind, sofern sie keine Mitglieder des Betriebsrats sind (§ 61 Abs. 2 BetrVG). Vollendet ein Mitglied der Jugendvertretung während seiner Amtszeit das 24. Lebensjahr, so bleibt es Jugendvertreter bis zum Ablauf seiner Amtszeit (§ 64 Abs. 3 BetrVG).

Ein Auszubildender, der der Jugendvertretung angehört, muß auf sein Verlangen hin nach Beendigung der Ausbildung weiterbeschäftigt werden, wenn nichts entgegensteht (§ 78a BetrVG).

Siehe unter: Arbeitsentgelt. **Lohn**

Jeder Arbeitnehmer (auch der Auszubildende) hat das Recht, in die über ihn geführten Personalakten Einsicht zu nehmen; er kann dazu ein Betriebsratsmitglied hinzuziehen (§ 83 Abs. 1 BetrVG). **Personalakten**

Nicht der einzelne Arbeitnehmer, wohl aber der Betriebsrat muß vom Arbeitgeber über die Personalplanung informiert werden (§ 92 Abs. 1 BetrVG). Personalfragebögen bedürfen der Zustimmung des Betriebsrats (§ 94 BetrVG), ebenso Richtlinien über personelle Auswahl bei Einstellungen, Versetzungen, Umgruppierungen und Kündigungen (§ 95 BetrVG). In Betrieben mit mehr als 20 Arbeitnehmern hat der Arbeitgeber den Betriebsrat vor jeder Einstellung, Eingruppierung, Umgruppierung und Versetzung zu befragen (§ 99 BetrVG). **Personalplanung**

Kapitel III

Familie

Die rechtliche Bedeutung der Familie, welcher der junge Mensch zugehört

Das BGB hat einen eigenen Abstam- **Abstammung**
mungsbegriff. Ein Mensch stammt un-
mittelbar von einem anderen Menschen
als eheliches oder als uneheliches Kind
ab. Entscheidend ist nicht die biologische
Abstammung, sondern die rechtliche Beziehung als eheliches oder uneheliches
Kind. Daß das Kind von der Mutter, die es
geboren hat, abstammt, ist dem BGB so
selbstverständlich, daß es dazu nichts
sagt. Es befaßt sich dagegen ausführlich
mit der Frage der Vaterschaft – der ehelichen und der nichtehelichen.

Wer ein Kind adoptieren will, muß voll- **Adoption**
jährig sein, aber sonst kein Mindestalter **(= Annahme**
haben. Voraussetzung für die Zulässig- **an Kindes**
keit der Adoption ist nach § 1741 Abs. 1 **Statt)**
BGB: Sie muß dem Wohl des Kindes die-
nen, und es muß zu erwarten sein, daß
zwischen dem Annehmenden und dem
Kind ein Eltern-Kind-Verhältnis entsteht.
Wer nicht verheiratet ist, kann ein Kind
allein annehmen (§ 1741 Abs. 3 S. 1 BGB).
Ein nichteheliches Kind kann von seiner
Mutter oder von seinem Vater adoptiert
werden (§ 1741 Abs. 3 S. 2 BGB).
Ein Volljähriger kann als Kind angenommen werden, wenn die Annahme sittlich
gerechtfertigt ist; dies ist insbesondere
anzunehmen, wenn zwischen dem Annehmenden und dem Anzunehmenden
bereits ein Eltern-Kind-Verhältnis ent-
standen ist (§ 1767 Abs. 1 BGB). Die Annahme muß dem Wohl des Anzunehmenden dienen (§ 1767 Abs. 2 BGB, § 1741
Abs. 1); ob das der Fall ist, muß er freilich

selbst entscheiden (Palandt, Erläuterung 2 zu § 1767 BGB). Als sittlich nicht gerechtfertigt wird die Adoption angesehen, wenn sie nur wegen des Erwerbs des Namens oder der Staatsangehörigkeit oder ausschließlich zur Vermeidung der Erbschaftssteuer erfolgt.

Bei der Adoption eines Minderjährigen erhält dieser dieselbe Stellung wie ein eheliches Kind (§ 1754 BGB), und zwar auch gegenüber den Verwandten des Annehmenden, während bisherige Verwandtschaftsverhältnisse erlöschen (§ 1755). Dieselben Wirkungen kann das Vormundschaftsgericht unter bestimmten Voraussetzungen auch bei der Adoption eines Volljährigen anordnen (§ 1772); grundsätzlich wirkt sich aber dessen Adoption nicht auf die Beziehung zu den Verwandten aus (§ 1770).

Der Adoptionsantrag bedarf der notariellen Beurkundung, die Adoption wird vom Vormundschaftsgericht ausgesprochen (§ 1772, § 1768 BGB).

Aufenthalts-bestimmung

Ein Bestandteil der sogenannten Personensorge sind das Recht und die Pflicht der Eltern, den Aufenthalt des Kindes zu bestimmen (§ 1631 Abs. 1 BGB) und damit den Wohnort und die Wohnung, auch z.B. den Aufenthalt in einem Internat.

Dazu gehört das Recht der Eltern, den Aufenthalt eines verschwundenen Kindes von der Polizei ermitteln und es zurückbringen zu lassen. Dem entspricht das Recht des Kindes, für das kein anderer

Aufenthalt bestimmt wurde, auf Aufnahme in die elterliche Wohnung.
Das alles endet, wenn das Kind volljährig
ist. Der Volljährige bestimmt seinen Aufenthalt selbst.

Aus der Beistandspflicht (§ 1618a BGB) ist **Aufnahme der**
nicht abzuleiten, daß das verheiratete **Eltern in der**
Kind verpflichtet ist, gegen den Willen des **Wohnung des**
Ehegatten die pflegebedürftigen Eltern **Kindes**
auf Dauer aufzunehmen; die Pflicht zur
ehelichen Lebensgemeinschaft (§ 1353
Abs. 1 S. 2 BGB) geht vor.

Erbringt das volljährige Kind als Zu- **Aufwendun-**
schuß zu dem Haushalt, dem es nicht an- **gen des Kindes**
gehört, Unterhaltsleistungen, ohne dazu
verpflichtet zu sein, kann es im Zweifel
von den Eltern keinen Ersatz, keine
Rückzahlung verlangen (§ 685 Abs. 2
BGB, vgl. auch § 814).
Ebenso wird im Zweifel vermutet, daß
keine Absicht besteht, Ersatz zu verlangen, wenn das volljährige Kind, das mit
den Eltern in einem gemeinsamen Haushalt lebt, Aufwendungen für den Haushalt macht (§ 1620 BGB). Diese Vermu-
tung besteht nicht, wenn das Kind den
Eltern etwas gibt, was mit der Haushaltsführung nicht im Zusammenhang steht,
z.B. zur Begleichung elterlicher Schulden.

Wenn die nichteheliche Mutter den Vater **Auskunft über**
nicht nennt, wird sie in der Regel nicht **den Vater**
mit einem Antrag durchdringen, die

Pflegschaft für das Kind zu beenden (Palandt, Erläuterung 2 zu § 1707 BGB).

Das nichteheliche Kind kann von seiner Mutter Auskunft über den Namen und die Adresse seines leiblichen Vaters verlangen, damit es eventuelle Erbansprüche feststellen kann – der Anspruch der Mutter auf Schutz der Intimsphäre muß demgegenüber zurücktreten.

Beistand

Das Familienrecht verwendet das Wort Beistand in doppelter Bedeutung. Zum einen sind mit diesem Begriff die gegenseitige Hilfe und Pflege, die Sorge für die Familienmitglieder gemeint. Zum anderen wird damit eine Person bezeichnet, die einem Elternteil förmlich als Hilfe bestellt wird.

a) „Eltern und Kinder sind einander Beistand und Rücksicht schuldig" (§ 1618a BGB). Das gilt auch für volljährige Kinder, selbst wenn sie nicht bei den Eltern leben. Der Satz gilt ebenso für Geschwister untereinander. Er gilt auch für das Verhältnis zwischen Mutter und nichtehelichem Kind sowie zwischen diesem Kind und dem nichtehelichen Vater dann, wenn eine echte Vater-Kind-Beziehung besteht. Eine Unterhaltsverpflichtung läßt sich aus der Vorschrift nicht ableiten. Die Vorschrift macht auch nicht aus jeder moralischen Pflicht eine rechtliche. Die Beistandspflicht setzt ein bei Problemen, bei denen der eine die Hilfe und Rat des anderen benötigt, erst recht in Krankheits- und Notsituationen.

Rücksichtnahme bedeutet das Zurückstellen eigener Wünsche mit dem Ziel, eine Abstimmung mit den Wünschen der Familienmitglieder zu erreichen, z.B. Vermeidung von Störungen und Kränkungen. Dazu gehört auch die Pflicht zur Toleranz der anderen mit ihren Eigenheiten und Ansichten.

b) Ein Elternteil, dem die elterliche Sorge, die Personensorge oder die Vermögenssorge allein zusteht, kann beim Vormundschaftsgericht beantragen, daß ihm ein Beistand für alle oder einzelne Angelegenheiten bestellt wird (§ 1685 BGB). Das ist sinnvoll, wenn der alleinerziehende Elternteil sich seiner Aufgabe nicht gewachsen fühlt.
Dem Beistand kann unter anderem die Geltendmachung von Unterhaltsansprüchen übertragen werden (§ 1690 BGB).

§ 1619 BGB lautet: „Das Kind ist, solange es dem elterlichen Hausstand angehört und von den Eltern erzogen oder unterhalten wird, verpflichtet, in einer seinen Kräften und seiner Lebensstellung entsprechenden Weise den Eltern in ihrem Hauswesen und Geschäfte Dienste zu leisten."
Das gilt auch für das volljährige Kind. Die Dienste sind unentgeltlich nach Weisung der Eltern zu leisten. Mißbräuchliche und willkürliche Weisungen sind nicht bindend. Es ist nicht geklärt, ob die Eltern bei Weigerung den Unterhalt kürzen dürfen. Art und Umfang der Leistungs-

Dienstleistungspflicht des Kindes

pflicht richten sich nach den Umständen. Insbesondere muß auf die Erfordernisse von Schule und Ausbildung Rücksicht genommen werden. Sind beide Eltern berufstätig, kann sich die Mithilfepflicht erhöhen, ebenso in Krankheits- und Notfällen.

Wird das Kind wie ein Arbeitnehmer beschäftigt, kann das Bestehen eines Arbeitsvertragsverhältnisses mit den entsprechenden Folgen für Steuerpflicht und Sozialabgaben angenommen werden.

Ehegatten

Damit sind sowohl der Gatte als auch die Gattin gemeint. Die Heirat macht Ehegatten nicht miteinander verwandt.

Ehelichkeit des Kindes

Die Ehelichkeit eines Kindes ist ein Rechtsproblem. Sie bestimmt sich daher zuvörderst nach dem BGB und nicht nach biologischen Gesetzen. Die rechtliche Regelung beruht auf Vermutungen (§§ 1591 f. BGB), die ausschließlich (§ 1593) mit Hilfe einer besonderen formellen Anfechtung (Klage vor dem Amtsgericht oder Antrag beim Vormundschaftsgericht, § 1599) widerlegt werden können. Die Mutter kann die Ehelichkeit nicht anfechten, auch nicht der wahre Erzeuger des Kindes. Nur der Ehemann (auch nach Scheidung) und – unter eingeschränkten Voraussetzungen – das Kind sind zur Anfechtung berechtigt. Der Ehemann hat eine (frühestens mit der Geburt beginnende) Frist von zwei Jahren von dem Zeitpunkt an, in dem er Kenntnis von den

Umständen erlangt, die für die Nichtehelichkeit sprechen (§ 1594). Unter gewissen Voraussetzungen (§ 1596 Abs. 1 Nr. 1 – 3) gilt eine solche Frist auch für das Kind; hat der gesetzliche Vertreter des Kindes sie nicht wahrgenommen, so erhält das Kind bei Volljährigkeit eine neue 2-Jahres-Frist (§ 1598).
Ist die Ehelichkeit erfolgreich (in der Regel durch Urteil) angefochten, so gilt das Kind mit Rückwirkung auf den Tag der Geburt als nichteheliches der Mutter. Es besteht keine Unterhaltspflicht des bisherigen Vaters. Am Namen des Kindes ändert sich aber nichts (§ 1617 Abs. 1); der bisherige Vater kann das nicht ändern.

Ein nichteheliches, auch volljähriges Kind kann ehelich werden (*Legitimation*) entweder durch nachträgliche Heirat der Eltern oder durch Ehelichkeitserklärung. Es gilt folgendes:
Ein nichteheliches Kind wird gemäß § 1719 BGB ohne weiteres ehelich, wenn der durch Anerkennung oder durch gerichtliche Feststellung feststehende nichteheliche Vater die Mutter heiratet. Die Wirkung tritt erst mit der Heirat ein. Ist das Kind noch nicht 14 Jahre alt, erhält es den Ehenamen der Eltern; ist das Kind älter, ändert sich sein Geburtsname nur dann, wenn es damit einverstanden ist (§ 1720 S. 1), und ist das Kind bereits verheiratet und sein bisheriger Geburtsname Ehename geworden, so ändert sich dieser Ehename nur, wenn auch der Ehegatte des Kindes dem zustimmt (§ 1720 S. 2).

Legitimation ohne Heirat der Eltern:
Der Mann, dessen Vaterschaft anerkannt
oder gerichtlich festgestellt ist, kann
beim Vormundschaftsgericht den Antrag
stellen, das Kind für ehelich zu erklären.
Das Gericht muß dem Antrag stattgeben,
wenn die Ehelicherklärung dem Wohle
des Kindes entspricht und ihr keine
schwerwiegenden Gründe entgegenstehen (§ 1723 BGB). Erforderlich ist die Einwilligung des Kindes, die es ab 14 Jahren
selbst erteilen muß, allerdings vor Eintritt der Mündigkeit mit Zustimmung des
gesetzlichen Vertreters (§ 1726 Abs. 1,
§ 1729). Grundsätzlich müssen die Ehefrau des Vaters und, solange das Kind
minderjährig ist, auch dessen Mutter ihre
Einwilligung geben (§ 1726 Abs. 1); das
Vormundschaftsgericht kann jedoch unter Umständen die Einwilligungen erset-
zen (§ 1727). Eine Ehelichkeitserklärung
kann auch erfolgen, wenn die Eltern ver-
lobt waren und das Verlöbnis durch den
Tod eines Elternteils aufgelöst wurde
(Brautkind, § 1740a BGB).

Erbausgleich des nichtehelichen Kindes

Stirbt der nichteheliche Vater, ohne Erben eingesetzt zu haben und ohne eheliche Kinder oder Witwe zu hinterlassen,
ist das nichteheliche Kind alleiniger Erbe.
Tritt gesetzliche Erbfolge für eheliche
Kinder bzw. die Witwe ein, wird das
nichteheliche Kind nicht erben; vielmehr
hat es gegen die Erben gem. § 1934a Abs.
1 BGB einen Erbersatzanspruch. Dieser
Geldanspruch ist so hoch, wie das Erbteil
wäre.

Ein nichteheliches Kind, das mindestens 21 und höchstens 26 Jahre alt ist, kann von seinem Vater verlangen, daß er den späteren Erbanspruch vorzeitig ausgleicht (§ 1934d Abs. 1 BGB) mit der Folge, daß das Kind später weder erbt noch einen Erbersatzanspruch hat (§ 1934e). Die Vereinbarung muß notariell beurkundet werden (§ 1934d Abs. 4). Grundsätzlich beläuft sich der Ausgleichsbetrag auf das Dreifache des Unterhalts, den der Vater dem Kinde im Durchschnitt der letzten fünf Jahre, in denen es voll unterhaltsbedürftig war, jährlich zu leisten hatte (§ 1934d Abs. 2).

Das Recht und die Pflicht zur Erziehung sind Bestandteil der sogenannten Personensorge (§ 1631 Abs. 1 BGB) und enden bei Beginn der Volljährigkeit. Damit verstärkt sich die Bedeutung der Beistands- und Rücksichtspflicht (siehe unter: Beistand). **Erziehung**

Nach § 1360 S. 1 BGB sind Ehegatten „einander verpflichtet, durch die Arbeit und mit ihrem Vermögen die Familie angemessen zu unterhalten". „Der angemessene Unterhalt der Familie umfaßt alles, was nach den Verhältnissen der Ehegatten erforderlich ist, um die Kosten des Haushalts zu bestreiten und die persönlichen Bedürfnisse der Ehegatten und den Lebensbedarf der gemeinsamen unterhaltsberechtigten Kinder zu befriedigen" (§ 1360a Abs. 1 BGB). **Familien-unterhalt**

Der Anspruch auf Familienunterhalt kann auch den Unterhaltsbedarf eines noch in Ausbildung befindlichen Ehegatten umfassen (BGH, NJW 1985, S. 803).

Kind

Der Begriff Kind hat unterschiedliche Bedeutung, je nachdem, in welchem Zusammenhang er verwendet wird. Im Unterhaltsrecht bedeutet er: direkter Abkömmling, also Sohn oder Tochter, ehelich oder nichtehelich. Dem ehelichen Kind ist ein adoptiertes Kind (mit Einschränkungen) gleichgestellt. Das für ehelich erklärte Kind gilt als ehelich.

Ein Kind kann einen ehelichen oder nichtehelichen Vater haben, nicht beides zugleich, ebenso nur eine eheliche oder nichteheliche Mutter – das eine schließt jeweils das andere aus.

Der Begriff Kind sagt also im Unterhalts-, Familien- und Erbrecht nichts über Minderjährigkeit oder Volljährigkeit aus. Auch der Volljährige bleibt in diesem Sinne „Kind".

Kostgeld

Lebt ein Volljähriger bei seinen Eltern, können sie von ihm ein Kostgeld verlangen, soweit sie nicht zum Unterhalt verpflichtet sind (BGH, FamRZ 1988 S. 1039) oder auf eine Kostenerstattung verzichtet haben.

Nachnamen

Drei Namensarten sind hier zu unterscheiden:

1. der *Geburtsname* – das ist der Nach-

name, den man mit der Geburt, durch Legitimation oder Adoption erworben hat;

2. der *Familienname* (= Ehename) – das ist der gemeinsame Nachname, für den sich die Ehegatten bei der Eheschließung entscheiden müssen. Sie können nur den Geburtsnamen des Mannes oder den Geburtsnamen der Frau wählen, keinen anderen (§ 1355 Abs. 1 und 2 BGB). Treffen sie keine Bestimmung, so ist der Geburtsname des Mannes der Familienname (§ 1355 Abs. 2 S. 2);

3. der *Begleitname* – das ist der dem Familiennamen vorangestellte Geburtsname bzw. zur Zeit der Eheschließung getragene sonstige Name des Ehegatten, dessen Geburtsnamen nicht zum Familiennamen wurde. Voraussetzung für einen Begleitnamen ist eine Erklärung gegenüber dem Standesbeamten (§ 1355 Abs. 3), die auch nach der Heirat noch abgegeben werden kann.

Scheidung oder Verwitwung ändern am Namen nichts. Der geschiedene oder verwitwete Ehegatte kann aber durch Erklärung gegenüber dem Standesbeamten seinen Geburtsnamen oder den zur Zeit der Eheschließung geführten Namen wieder annehmen (§ 1355 Abs. 4).

Schließen gemischt-nationale Verlobte (hier: ein Türke und eine Deutsche) mit ständigem Aufenthalt in der Bundesrepublik Deutschland vor einem deutschen Standesbeamten die Ehe, so können die Verlobten den Geburtsnamen der deutschen Ehefrau als gemeinsamen Ehena-

men bestimmen, auch wenn das Heimat-
recht des ausländischen Ehemannes eine
solche Namenswahl nicht kennt und deshalb auch nicht anerkennt (OLG Hamm,
FamRZ 1986, S. 61).

Da es keine internationale Regelung des
Namensrechtes gibt, kann somit also jemand durchaus zu Recht in unterschiedlichen Ländern unterschiedliche Namen
haben.

**Namens-
änderung**

Eine Namensänderung (Vornamen,
Nachnamen) ist nur durch Verwaltungs-
akt der zuständigen Behörde möglich;
Voraussetzung dafür ist das Vorliegen eines wichtigen Grundes (§ 3 Namensänderungsgesetz).

Kein wichtiger Grund ist anzunehmen,
wenn jemand, dessen Familienname als
Minderjähriger geändert worden ist, um
in der Familie einen einheitlichen Namen
zu haben, nach Erreichen der Volljährigkeit zu seinem Geburtsnamen zurück-
strebt, nachdem er sich von der Familie,
deren Namen er trägt, getrennt hat (VGH
Baden-Württemberg, FamRZ 1987, S.
199).

Ein wichtiger Grund ist auch dann nicht
gegeben, wenn der Geburtsname dem
Volljährigen nützlicher wäre; allenfalls
kommt eine Namensänderung dann in
Betracht, wenn es dem Volljährigen unzumutbar ist, an seinem Namen festzuhal-
ten, etwa wenn berechtigter Anlaß zu der
Befürchtung besteht, der Name könne
sich als gewichtiger Hemmfaktor im ge-

sellschaftlichen Leben oder im beruflichen Fortkommen erweisen (VGH Baden-Württemberg, a.a.O.).

Es liegt im Interesse des Kindes und der Allgemeinheit, daß der Vater eines nichtehelichen Kindes feststeht. (Ist ein Kind ehelich, kann es rechtlich nicht gleichzeitig nichteheliches Kind eines anderen Vaters sein).

Nichteheliche Vaterschaft

Dabei geht es im bürgerlichen Recht um die rechtliche Beziehung der Vaterschaft, die möglichst mit der biologischen Vaterschaft identisch sein soll, aber nicht sein muß. Das bedeutet: Steht nach dem BGB fest, daß jemand der Vater ist, hat er gegenüber dem Kind alle Rechte und Pflichten, die aus den Rechtsbeziehungen zwischen dem Vater und seinem nichtehelichen Kind folgen, selbst dann, wenn der Vater gar nicht der Erzeuger des Kindes ist.

Die nichteheliche Vaterschaft wird hergestellt

- durch Anerkennung eines Mannes (§ 1600b BGB) und Zustimmung des Kindes (§ 1600c)
- oder durch gerichtliche Feststellung, die durch eine Klage des Kindes oder des Erzeugers (nicht der Mutter) vor dem Amtsgericht eingeleitet wird (§ 1600n, § 1600a). In Ausnahmefällen kann sie durch Antrag (auch der Mutter) beim Vormundschaftsgericht eingeleitet werden (§ 1600n Abs. 2).

Bei der Anerkennung gilt folgendes: Sowohl die Anerkennung als auch die Zustimmung des Kindes bedürfen der öffentlichen Beurkundung (§ 1600e). Die Anerkennung kann bereits vor der Geburt erfolgen (§ 1600b Abs. 2). Der noch nicht 18-jährige junge Mann muß die Anerkennung selbst aussprechen, bedarf aber der Zustimmung seines gesetzlichen Vertreters.

Das der Anerkennung zustimmende Kind muß diese Zustimmung selbst abgeben, wenn es bereits 14 Jahre alt ist; ist es noch nicht mündig, bedarf es hierzu der Zustimmung seines gesetzlichen Vertreters (§ 1600d).

Die Anerkennung kann angefochten werden, und zwar von dem Mann, der die Anerkennung abgegeben hat, von dem Kind und auch von der Mutter (§ 1600o). Für die Mutter und den Mann läuft eine nicht vor der Geburt beginnende Frist von einem Jahr. Sie beginnt für die Mutter mit dem Zeitpunkt, in dem ihr die Anerkennung bekannt wird (§ 1600h Abs. 4), und für den Mann mit dem Zeitpunkt, in dem ihm die Umstände, die gegen die Vaterschaft sprechen, bekannt geworden sind (§ 1600h Abs. 2), oder erst später, wenn seine Anerkennung unter einem Willensmangel gem. § 119 BGB litt oder durch arglistige Täuschung oder Drohung (§ 123 BGB) zustande gekommen war (hier gilt eine andere Jahresfrist, § 124). Das Kind muß grundsätzlich innerhalb von zwei Jahren anfechten (§ 1600i).

Hat der gesetzliche Vertreter eines minderjährigen Kindes die Anerkennung nicht rechtzeitig angefochten, kann das Kind selbst innerhalb von zwei Jahren seit dem Eintritt der Volljährigkeit die Anfechtung betreiben (§ 1600k Abs. 4 S. 2).

Solange das nichteheliche Kind nicht volljährig ist, steht es unter der elterlichen Sorge allein der Mutter (§ 1705 S. 1). Die Mutter ist sein gesetzlicher Vertreter (§ 1705 S. 2, § 1729 Abs. 1 S. 3).
Die elterliche Sorge und damit das Vertretungsrecht sind insoweit eingeschränkt, wie die Befugnisses eines Pflegers reichen (§ 1630 Abs. 1). Das Jugendamt ist Pfleger des nichtehelichen Kindes (§ 1709), und zwar gem. § 1706 für folgende Angelegenheiten:
1. für die Feststellung der Vaterschaft und alle sonstigen Angelegenheiten, die die Feststellung oder Änderung des Eltern-Kind-Verhältnisses oder des Familiennamens des Kindes betreffen;
2. für die Geltendmachung von Unterhaltsansprüchen einschließlich der Ansprüche auf eine an Stelle des Unterhalts zu gewährende Abfindung sowie die Verfügung über diese Ansprüche;
3. für die Regelung von Erb- und Pflichtteilsrechten, die dem Kind im Falle des Todes des Vaters und seiner Verwandten zustehen.
Wenn es dem Wohl des Kindes nicht widerspricht, kann das Vormundschaftsgericht die Pflegschaft auf Antrag der Mutter aufheben oder einschränken (§ 1707). Das Vormundschaftsgericht kann seine Entscheidung eventuell rückgängig machen (§ 1707 S. 3).

Der Vater, d.h. der Mann, dessen Vaterschaft festgestellt ist, hat kein Sorge- und Vertretungsrecht. Er ist zum Unterhalt verpflichtet (§§ 1615a ff.). Grundsätzlich hat er ein Recht auf Umgang mit dem Kind nur im Rahmen dessen, was ihm die Mutter zugesteht (§ 1711 Abs. 1). Wenn es dem Wohl des Kindes dient, kann auch das Vormundschaftsgericht ein Umgangsrecht einräumen (§ 1711 Abs. 2).

Pflegschaft

Das nichteheliche Kind erhält von Geburt an das Jugendamt als Pfleger (§ 1706, 1709 BGB), wenn das Vormundschaftsgericht nichts anderes verfügt. Die Pflegschaft endet mit der Volljährigkeit.

Rücksicht

Siehe unter: Beistand.

Schwägerschaft

Die Verwandten eines Ehegatten sind mit dem anderen Ehegatten verschwägert. Die Linie und der Grad der Schwägerschaft bestimmen sich nach der Linie und dem Grade der sie vermittelnden Verwandtschaft. Die Schwägerschaft dauert fort, auch wenn die Ehe, durch die sie begründet wurde, aufgelöst ist (§ 1590 BGB).
Schwägerschaft begründet keine Unterhaltspflicht.

Sorgerecht

Das Sorgerecht der Eltern endet mit Eintritt der Volljährigkeit.

Wenn das volljährige Kind im Rahmen seiner häuslichen Dienstleistungspflicht einen Schaden verursacht, haftet es nur in entsprechender Anwendung von § 1664 Abs. 1 BGB. Das Kind hat gegenüber den Eltern daher nur für die Sorgfalt einzustehen, die es in eigenen Angelegenheiten anzuwenden pflegt; bei Vorsatz oder grober Fahrlässigkeit haftet es aber (§ 277 BGB). Für die Eltern und die übrigen Haushaltsmitglieder gilt gegenüber dem Kind diese Haftungseingrenzung nicht, sie haften auch für leichte Fahrlässigkeit.

Sorgfalts- pflicht

Der junge Mensch ist häufig unterhaltsbedürftig. Siehe dazu Kapitel IV: Unterhaltsansprüche. Er kann aber bereits selbst unterhaltspflichtig sein – gegenüber seinen Eltern, seinem Ehegatten, seinen Kindern.

Unterhalt

Als unverheiratet gilt, wer noch nicht verheiratet ist oder war. Der Geschiedene gilt also nicht als unverheiratet.

Unverheiratet

Verweigert die Kindesmutter Angaben darüber, wer ihr nichtehelich geborenes Kind erzeugt hat, können diejenigen Männer, die mit der Kindesmutter während der gesetzlichen Empfängniszeit (§ 1592 BGB) in einer Wohngemeinschaft gelebt haben, und die Kindesmutter selbst eine bei ihnen vorzunehmende Blutentnahme zwecks Untersuchung je-

Vaterschafts- suche

denfalls nicht mit der Behauptung verweigern, es habe unter ihnen kein Geschlechtsverkehr stattgefunden (KG, FamRZ 1987, S. 294).

Vermögen des Kindes

Sobald jemand volljährig wird, endet die Vermögenssorge seiner Eltern. Diese haben dem Kind dessen Vermögen herauszugeben und auf Verlangen über die Verwaltung Rechenschaft abzulegen (§ 1698 Abs. 1 BGB).

Es endet auch die Berechtigung der Eltern gem. § 1649 Abs. 2 BGB, die Einkünfte des Kindervermögens, die zur ordnungsgemäßen Verwaltung des Vermögens und für den Unterhalt des Kindes nicht benötigt werden, für ihren eigenen Unterhalt und für den Unterhalt der minderjährigen unverheirateten Geschwister des Kindes zu verwenden. Nur dann, wenn Grund zu der Annahme besteht, daß die Eltern die Nutzungen (Einkünfte) des Vermögens entgegen den Vorschriften des § 1649 verwendet haben, müssen sie auf Verlangen des Kindes Rechenschaft über die Nutzungen des Kindesvermögens ablegen (§ 1698 Abs. 2). Für die Verwendung anderer Kindeseinkünfte besteht diese Einschränkung der Rechenschaftslegung nicht. Haben sich die Eltern bereichert, können dem Kind Bereicherungs-, evtl. sogar Schadensersatzansprüche zustehen. Gegenüber dem minderjährigen Kind hatten die Eltern nur für die Sorgfalt einzustehen, die sie in eigenen Angelegenheiten anzuwenden pflegen (§ 1664 Abs. 1). Von der Haftung für grobe Fahrlässigkeit und Vorsatz sind sie freilich nicht befreit (§ 277 BGB).

Ab Eintritt der Volljährigkeit haben die Eltern kein Recht und keine Pflicht mehr, für das Vermögen ihres Kindes zu sorgen. Der Volljährige muß sich selbst darum kümmern, wenn er nicht jemanden damit beauftragt. **Vermögens-sorge**

Verwandt sind Personen, die entweder voneinander oder von demselben Dritten abstammen. § 1589 BGB sagt dazu: „Personen, deren eine von der anderen abstammt, sind in gerader Linie verwandt. Personen, die nicht in gerader Linie verwandt sind, aber von derselben dritten Person abstammen, sind in der Seitenlinie verwandt. Der Grad der Verwandtschaft bestimmt sich nach der Zahl der sie vermittelnden Geburten." **Verwandt-schaft**
Enkel und Großeltern sind in gerader Linie im 2. Grad verwandt, Geschwister sind in der Seitenlinie im 2. Grad verwandt.
Nur Verwandte in gerader Linie sind einander zu Unterhalt verpflichtet (§ 1601 BGB).
Heirat begründet keine Verwandtschaft.

Die Erteilung des Vornamens entspringt dem Sorgerecht für das Kind. Dem ehelichen Kind wird er somit von den Eltern gemeinsam (§§ 1626, 1627 BGB) erteilt; können sie sich nicht einigen, muß das **Vorname**

Vormundschaftsgericht einem Elternteil insoweit das Sorgerecht übertragen (§ 1628 Abs. 1). Bei einem nichtehelichen Kind hat allein die Mutter das Namensgebungsrecht (§ 1705 S. 1). Für die Namenserteilung ist keine Form vorgeschrieben. Die Eintragung im Geburtenbuch dient lediglich der Registrierung. Grundsätzlich besteht Freiheit in der Auswahl des Vornamens; es muß aber die allgemeine Sitte und Ordnung eingehalten werden. Jeder muß mindestens einen Vornamen erhalten, der das Geschlecht erkennen läßt. Nach der Eintragung im Geburtenbuch ist eventuell eine Berichtigung zulässig; sonst kommt Namensänderung nach dem Namensänderungsgesetz nur aus wichtigem Grund in Betracht.

Kapitel IV

Unterhaltsansprüche

Die Ansprüche des jungen Menschen gegen seine Verwandten

Grundsätzlich ist ein Urteil bindend, in dem über einen Unterhaltsanspruch rechtskräftig entschieden worden ist. Tritt aber eine wesentliche Änderung der maßgeblichen Verhältnisse ein, kann jeder Teil durch eine spezielle Klage eine Abänderung des Urteils verlangen (§ 323 Abs. 1 ZPO). Ebenso kann die Abänderung eines gerichtlichen Vergleichs oder einer vollstreckbaren Urkunde verlangt werden. Eine maßgebliche Änderung kann in dem rechtmäßigen Übergang von der Geldrente zum Naturalunterhalt im Rahmen des elterlichen Bestimmungsrechts liegen.

Das Gericht kann den früheren Titel nur insoweit abändern, als sich die Verhältnisse geändert haben; im übrigen muß es sich an die Beurteilungen halten, die dem früheren Titel zugrunde liegen (OLG Hamburg, FamRZ 1985, S. 960, teilweise anders OLG Karlsruhe, FamRZ 1981, S. 72). Eine im Scheidungsverfahren der Eltern getroffene einstweilige Anordnung gem. § 620 S. 1 Nr. 4 ZPO ist nicht durch Abänderungsklage zu ändern, sondern eine normale Leistungsklage (BGH, NJW 1983, S. 2200).

Abfindung ist der Verzicht auf Unterhaltsleistungen gegen die Einräumung eines Vorteils, insbesondere gegen die Zahlung einer Summe, auch in Raten.

Da für die Zukunft nicht auf den Verwandtenunterhalt verzichtet werden kann, ist auch eine Vereinbarung über eine Abfindung nichtig (§ 134 BGB). Der

Unterhaltsberechtigte kann dementsprechend auch nicht vom Unterhaltspflichtigen verlangen, daß dieser ihn abfinde.

Eine Ausnahme besteht nach § 1615e BGB für das Verhältnis zwischen einem nichtehelichen Kind und seinem Vater sowie dessen Verwandten: Wenn beide Seiten wollen, können sie die Unterhaltsverpflichtung durch Abfindung einvernehmlich ablösen. Der Volljährige braucht für die Vereinbarung keine Zustimmung des Vormundschaftsgerichts (§ 1615e). Ist er bereits 21 Jahre alt, kann er von seinem Vater auch vorzeitigen Erbausgleich verlangen (§ 1934d BGB).

Abtretung

Soweit die Unterhaltsansprüche nicht pfändbar sind, können sie auch nicht abgetreten werden (§ 400 BGB). Sie können freilich auf ein Bundesland übergehen, wenn dieses insoweit die Ausbildung gefördert hat, als der Unterhaltspflichtige sie hätte zahlen müssen.

Altersgrenze

Für junge Menschen, die sich nicht (mehr) in der Ausbildung befinden, haben die Gerichte ziemlich strenge Anforderungen an ihre Erwerbsobliegenheit gestellt, so daß nicht leicht Bedürftigkeit angenommen wird. Das hängt auch damit zusammen, daß maßgebend für die Bedürftigkeit die eigene Lebensstellung ist, die nach der Ablösung vom Elternhaus durch die eigenen wirtschaftlichen Möglichkeiten des jungen Menschen geprägt wird. Es gibt jedoch keine Altersgrenze.

Beispielsweise kann ein nichterwerbsfähiger Behinderter zeitlebens gegenüber seinen Eltern unterhaltsberechtigt sein. Ebensowenig gibt es eine Altersgrenze der Eltern in dem Sinne, daß sie etwa, wenn sie ein bestimmtes Alter erreicht hätten, von allen Unterhaltspflichten frei seien. Es kommt immer auf die Umstände an — auf die Leistungsfähigkeit der Eltern, auf die Bedürftigkeit der (möglicherweise inzwischen auch alt gewordenen) Kinder. Das wird unter anderem gemildert durch die Möglichkeit, daß der Sozialhilfeträger den gesamten Mehrbedarf eines dauernd pflegebedürftigen Kindes, das älter als 26 Jahre ist, übernimmt, selbst wenn die Eltern leistungsfähig sind (§ 91 Abs. 3 BSHG). Wichtig ist auch die Möglichkeit der elternunabhängigen Ausbildungsförderung.

Der Unterhaltsberechtigte muß sich Arbeitslosengeld als Einkommen anrechnen lassen. Er hat Anspruch auf diese Leistung, die nicht zurückgezahlt werden muß. **Arbeitslosengeld**

Erhält der Unterhaltsberechtigte Arbeitslosenhilfe, geht insoweit sein Unterhaltsanspruch auf die Bundesanstalt für Arbeit über. **Arbeitslosenhilfe**

Siehe unter: Erwerbsobliegenheit. **Arbeitsverpflichtung**

Aufteilung auf Eltern

Sind beide Eltern barunterhaltspflichtig, haften sie anteilig nach ihren Erwerbs- und Vermögensverhältnissen (§ 1606 Abs. 3 BGB). In der Regel werden erst bei jedem der große Selbstbehalt und die vorhergehenden Unterhaltsverpflichtungen abgesetzt; dann wird der Betrag, der dem Unterhaltsberechtigten zu leisten ist, entsprechend dem Verhältnis der übrigbleibenden jeweiligen Einkünfte auf die Eltern aufgeteilt (BGH, FamRZ 1986, S. 151; 1988, S. 1039; OLG Frankfurt, FamRZ 1987, S. 190; Palandt Erl. 4 f zu § 1606). Es ist rechtlich möglich, daß ein Elternteil den anderen freistellt.

Ein Elternteil, der von einem volljährigen gemeinschaftlichen Kind auf Unterhalt in Anspruch genommen wird, kann zur Berechnung seines Haftungsanteils von dem anderen Elternteil Auskunft über dessen Einkünfte verlangen (BGH, FamRZ 1988, S. 268).

Ausbildungsförderung

Ausbildungsförderung (siehe dazu Kapitel V) und Unterhaltsanspruch beruhen auf unterschiedlichen Motiven und Gesetzen. Aus einem Anspruch auf Ausbildungsförderung kann man also nicht auf einen Anspruch auf Unterhalt schließen und umgekehrt. Soweit mit der Ausbildungsförderung freilich das abgedeckt wird, wozu die Eltern verpflichtet sind, kann das die Ausbildungsförderung gewährende Bundesland sich an den Eltern schadlos halten.

Erhält das volljährige Kind BAföG-Leistungen, ohne daß auf das Bundesland

ein entsprechender Anspruch gegen den
Unterhaltspflichtigen übergeht, mindern
diese Leistungen die Bedürftigkeit des
Studenten selbst dann, wenn sie als Darlehen gewährt werden (BGH, FamRZ 1985,
S. 916; KG, FamRZ 1985, S. 916; KG,
FamRz 1985, S. 962). Das Kind muß sich
sogar mögliche, aber nicht in Anspruch
genommene BAföG-Leistungen anrechnen lassen; es kann sich nicht darauf berufen, es habe nicht gewußt, daß es einen
Ausbildungsförderungsanspruch   habe
(KG, a.a.O.).

Die Ausbildungsvergütung (Arbeitsentgelt des Auszubildenden) ist als Arbeitsentgelt des Unterhaltsberechtigten anzusetzen, mindert also seine Bedürftigkeit.
Allerdings sind dabei vorweg die berufs-
bedingten Aufwendungen sowie auch die
Kosten eines etwaigen sonstigen, im Verhältnis zu gleichaltrigen Schülern gegebe-
nen höheren Bedarfs abzuziehen (BGH,
FamRZ 1981, S. 541).

**Ausbildungs-
vergütung**

Kommen die Eltern in der Weise für den
Unterhalt des minderjährigen Kindes
auf, daß der Vater den Barunterhalt und
die Mutter den Naturalunterhalt leistet,
so ist entsprechend der Regel des § 1606
Abs. 3 S. 2 BGB davon auszugehen, daß
das Kindeseinkommen, z.B. dessen Ausbildungsvergütung, die Eltern zu gleichen Teilen entlastet und damit nur zur
Hälfte auf den Barunterhaltsanspruch
anzurechnen ist (BGH, a.a.O.). Je nach
den konkreten Verhältnissen ist das auch
für die ersten Jahre nach Eintritt der

Volljährigkeit zutreffend, da dann zunächst die Naturalleistungen und der Barunterhalt noch gleichwertig sind (BGH, a.a.O., und OLG Hamm, FamRZ 1987, S. 411). Nach Meinung des KG (FamRZ 1985, S. 419) ist die Ausbildungsvergütung jedoch voll für den Elternteil anzurechnen, der Barunterhalt leistet. Wieder anders urteilt das OLG Düsseldorf (FamRZ 1982, S. 88): „Da mit dem Eintritt der Volljährigkeit die Verpflichtung zur Erziehung des Kindes und dessen gesetzliche Vertretung entfallen, ist es angemessen, nur noch 2/5 der – um die Pauschale gekürzten – Ausbildungsvergütung auf den Betreuungsunterhalt anzurechnen und die übrigen 3/5 auf den Barunterhaltsanspruch." Die Anrechenbarkeit wird also unterschiedlich beurteilt.

Auskunft

Verwandte in gerader Linie – also Eltern gegenüber ihren Kindern und (auch volljährige) Kinder gegenüber ihren Eltern (dasselbe gilt im Verhältnis Großeltern zu Enkeln) – sind einander nach § 1605 Abs. 1 S. 1 BGB verpflichtet, auf Verlangen über ihre Einkünfte und ihre Vermögen Auskunft zu erteilen, soweit das zur Feststellung entweder eines Unterhaltsanspruchs oder einer Unterhaltsverpflichtung erforderlich ist. Über die Höhe der Einkünfte sind auf Verlangen Belege, insbesondere Bescheinigungen des Arbeitgebers, vorzulegen (§ 1605 Abs. 1 S. 2). Notfalls muß die Auskunft durch Versicherung an Eides Statt bekräftigt werden.

Der Auskunftsanspruch setzt nicht voraus, daß ein Unterhaltsanspruch besteht
(BGH, NJW 1983, S. 279). Besteht aber
kein Anlaß, zu bezweifeln, daß der Verwandte nicht zahlen muß, muß er auch
nicht Auskunft geben (vgl. OLG Schleswig, FamRZ 1986, S. 1030). Dasselbe gilt,
wenn der bereits geleistete Unterhalt so
hoch ist, daß gar kein höherer Geldanspruch bestehen kann (MünchK, RN 4 zu
§ 1605).

Verlangt ein Kind Unterhalt für seine
Ausbildung, muß es Auskunft über seine
Ausbildungspläne und den Stand seiner
Ausbildung geben (MünchK, RN 13 zu
§ 1605).

Das LG Freiburg (FamRZ 1983, S. 1165)
hat entschieden: „Erteilt der Unterhalts-
gläubiger dem Unterhaltsschuldner die
erforderlichen Auskünfte über eine ge-
plante oder bereits begonnene Berufsausbildung erst verspätet, so wird dennoch
der Unterhaltsschuldner nicht gemäß
§ 1613 Abs. 1 für die Zeit bis zur Aus-
kunftserteilung endgültig von seiner
Leistung frei. Für die Zeit bis zur Erteilung der Auskünfte mag ein (vorläufiges)
Zurückbehaltungsrecht erwogen werden."

OLG Koblenz (FamRZ 1981, S. 992): „Der
unterhaltsrechtliche Auskunftsanspruch
des ehelichen Kindes gegen den Vater ist
unabhängig von dem jeweiligen Stand der
handels- und steuerrechtlichen Gewinn-
und Einkommensermittlung. Der Aus-
kunftspflichtige muß gegebenenfalls seine Einnahmen und Ausgaben aus seinen
Büchern oder Unterlagen zusammenstel-

len und den Einnahmenüberschuß er-
rechnen, um dem Unterhaltsberechtigten
so alsbald die Feststellung zu ermöglichen, ob er einen Unterhaltsanspruch hat
und wie hoch dieser ist."
Im Hinblick auf ihre Unterhaltspflicht gegenüber gemeinsamen Kindern sind beide Elternteile verpflichtet, sich gegenseitig Auskunft über ihre Einnahmen und
ihr Vermögen zu erteilen (OLG Braunschweig, FamRZ 1981, S. 383).

Ausstattung   Unter Ausstattung ist eine besonders herausgehobene, in der Regel einmalige Zu-
wendung zu verstehen, die die Eltern oder
ein Elternteil ihrem Kind gewähren, um
ihm bei der Begründung einer eigenen
wirtschaftlichen Existenz zu helfen. Auf
eine Ausstattung besteht kein Anspruch;
sie wird also freiwillig geleistet, solange
sie nicht bindend versprochen ist. Das
Versprechen muß – im Gegensatz zu einem Schenkungsversprechen (§ 518 BGB)
– nicht notariell beurkundet werden,
außer in dem Maße, als es die Familien-
verhältnisse übersteigt (§ 1624 Abs. 1
BGB). Der rechtliche Bestand des Verspre-
chens und der bereits zugewendeten Ausstattung ist von dem Zweck der Ausstattung abhängig. Ist die Ausstattung mit
Rücksicht auf die Heirat erfolgt und
kommt die Ehe nicht zustande, kann die
Ausstattung zurückverlangt werden.
Im Steuerrecht wird die Ausstattung nur
noch in außergewöhnlichen Fällen als
außerordentliche Belastung des Geben-
den gewertet.

Seitdem Töchter Söhnen gleichgestellt sind, haben sie gegenüber ihren Eltern keinen Anspruch auf Aussteuer mehr. Nach einem Urteil des BFH (BStBl. II 1987, S. 779) können die Eltern die Aussteuer steuerlich nicht einmal mehr als außergewöhnliche Belastung geltend machen.

Aussteuer

Solange der Volljährige die angemessene Ausbildung nicht beendet hat, ist er grundsätzlich unterhaltsberechtigt. Auf seinen Anspruch muß er sich die Ausbildungsvergütung grundsätzlich anrechnen lassen, wobei die Meinungen der Gerichte unterschiedlich sind, ob und inwieweit die Anrechnung in voller Höhe geschehen muß. Hinsichtlich der Höhe seines maßgeblichen Lebensbedarfs gibt es keine feste Summe. Man kann aber davon ausgehen, daß sie ebenso hoch angesetzt wird wie der Lebensbedarf eines Studenten.
Siehe unter: Unterhaltshöhe

Auszubildender

Zieht eine 18-jährige Schülerin aus der am Schulort gelegenen Wohnung der Mutter aus, um mit ihrem Freund in eine außerhalb des Schulortes befindliche Wohnung zu ziehen, so ist es ihr jedenfalls dann verwehrt, sich dem unterhaltspflichtigen Vater gegenüber auf den infolge des Umzugs entstandenen erhöhten Unterhaltsbedarf zu berufen, wenn keine im Rahmen des Unterhaltsschuldverhältnisses triftigen Gründe angege-

Auszug aus der elterlichen Wohnung

ben werden (OLG Köln, FamRZ 1982, S. 834).

Zieht ein nunmehr volljähriges Kind bei dem bisher sorgeberechtigten Elternteil aus, begründet es einen eigenen Hausstand und macht es deswegen einen erhöhten Unterhaltsbedarf geltend, so hat es schlüssig darzulegen, welche triftigen Gründe es für den Auszug hatte (OLG Frankfurt, FamRZ 1983, S. 1156).

Wer gegen den Willen der Eltern auszieht, riskiert, daß er keinen Unterhaltsanspruch mehr hat, da sich die Eltern aufgrund ihres Bestimmungsrechts auf die Leistung von Naturalunterhalt beschränken dürfen.

Barunterhalt   Siehe unter: Geldrente.

Bedarfs-
minderung   Lebt der Volljährige bei einem Elternteil und hat er einen Anspruch auf Geldrente gegen den anderen, so mindert sich sein Bedarf, weil nach einem allgemeinen Erfahrungssatz geringere Kosten anfallen, wenn mehrere Personen in einem Haushalt zusammenleben und gemeinsam wirtschaften (KG, FamRZ 1982, S. 516: Das Gericht hielt einen Abschlag von DM 150,– für angemessen).

Bedürftigkeit   Der Unterhaltsanspruch setzt Bedürftigkeit voraus. Dieser Begriff ist nicht identisch mit der Hilfsbedürftigkeit im Sinne des Sozialhilferechts oder der Bedürftigkeit im Sinne des Steuerrechts.

„Unterhaltsberechtigt ist nur, wer außerstande ist, sich selbst zu unterhalten" (§ 1602 Abs. 1 BGB). Die Berechtigung kann auch dann entstehen, wenn der Bedürftige bereits volljährig ist (BGHZ 93, 123).

Wenn es sich darum handelt, ob ein erwachsenes gesundes Kind seine Eltern in Anspruch nehmen kann, sind an die Beurteilung, ob es außerstande ist, seinen Lebensunterhalt selbst zu verdienen, strenge Anforderungen zu stellen. Seine wirtschaftliche Eigenverantwortung hat Vorrang. Demnach ist ein Volljähriger, der sich nicht in der Berufsausbildung befindet, zunächst ausschließlich für sich selbst verantwortlich. Er ist nach Abschluß seiner Ausbildung gehalten, auch berufsfremde Tätigkeiten aufzunehmen, wenn es ihm nicht möglich ist, in dem erlernten Beruf sein Auskommen zu finden. Dabei sind ihm auch Arbeiten unterhalb seiner gewohnten Lebensstellung zuzumuten (BGHZ 93, 123).

Zur Glaubhaftmachung der Bedürftigkeit gehört, daß der Unterhaltsberechtigte erfolglos intensive Arbeitsbemühungen in bezug auf alle ihm zumutbaren Arbeiten im einzelnen belegt (OLG Köln, FamRZ 1986, S. 499). Er muß also im einzelnen nachweisen, daß ihm keine Ausbildungsförderung zustand (BGH, NJW 1980, S. 393).

Einkünfte sind auch solche Beträge, die der Unterhaltsberechtigte zumutbarerweise einziehen könnte, aber nicht einzieht (BGH, a.a.O.).

Auf die Ursache der Bedürftigkeit kommt

es bei dem Unterhaltsanspruch unter Verwandten nicht an (BGHZ 93, 123; Ausnahmen siehe unter: Verwirkung).

Ursache der Bedürftigkeit kann eine Erwerbsunfähigkeit sein, die auf seelischer Störung beruht (BGH, FamRZ 1984 S. 660); eine solche seelische Störung (Rentenneurose) kann aber unter Umständen dadurch behoben werden, daß das Gericht einfach keinen Unterhaltsanspruch zuerkennt (OLG Frankfurt, FamRZ 1987, S. 408).

Siehe auch unter: Erwerbslosigkeit.

Behindertes Kind

Ein behindertes volljähriges Kind, das wegen der Behinderung nicht erwerbsfähig ist, wird unterhaltsrechtlich nicht dem minderjährigen Kind gleichgestellt (BGH, FamRZ 1984, S. 683, und 1986, S. 48).

Berufsausbildung

Kinder haben, auch als Volljährige, gegenüber ihren Eltern einen Anspruch auf Ermöglichung einer angemessenen Berufsausbildung (§ 1610 Abs. 2 BGB: „angemessene Vorbildung zu einem Beruf"). Mit Beruf ist ein gefestigtes Berufsbild gemeint (Palandt Erläuterung 4a, aa zu § 1610). Der Volljährige entscheidet selbst, muß sich aber mit den Eltern abstimmen.

Anspruch besteht auf eine Berufsausbildung, die der Begabung und den Fähigkeiten, dem Leistungswillen und den beachtenswerten Neigungen des Kindes am besten entspricht, ohne daß es insoweit auf Beruf und gesellschaftliche Stellung der Eltern (Unterhaltspflichtigen) ankommt, und die sich hinsichtlich ihrer Finanzierung in den Grenzen der wirtschaftlichen Leistungsfähigkeit der Eltern hält. Die letztere Einschränkung ist, wenn nicht aus § 1610 Abs. 1 BGB, so jedenfalls aus der die Unterhaltspflicht allgemein begrenzenden Vorschrift des § 1603 zu entnehmen. Geschuldet wird von den Eltern also eine ihnen wirtschaftlich zumutbare Finanzierung einer optimalen, begabungsbezogenen Berufsausbildung ihres Kindes, die den Neigungen des Kindes entspricht, ohne daß alle Neigungen oder Wünsche berücksichtigt werden müssen, insbesondere nicht die, die sich als nur flüchtig oder vorübergehend erweisen oder mit den Anlagen und Fähigkeiten des Kindes oder den wirtschaftlichen Verhältnissen der Eltern nicht zu vereinbaren sind (BGHZ 69, 190). Die Eltern müssen dem Kind nicht nur deshalb ein Studium finanzieren, weil es die Studienberechtigung hat oder weil die Schwester studiert, (BGH, a.a.O.). Auch sind sie nicht verpflichtet, ihrem Kind eine bessere gesellschaftliche Stellung zu verschaffen, als sie selbst haben; die gesellschaftliche Stellung ist kein Kriterium (BGH, a.a.O.).

Schlechte Berufsaussichten begründen keinen Einwand der Eltern (Soergel RN 17 zu § 1610 – nicht ganz überzeugend, da die Eltern am Ende vielleicht doch mehr zahlen müssen).

Bestimmungsrecht der Eltern

Die Eltern haben gegenüber dem unverheirateten Kind, selbst wenn es volljährig ist, ein Recht, die Art und Weise des Unterhalts zu bestimmen (§ 1612 Abs. 2 S. 1 BGB; auch eine 26-jährige unverheiratete Frau mit 8-jährigem Kind ist etwa nicht einer verheirateten gleichzustellen, LG Lübeck, FamRZ 1987, S. 1296). Sie können die Modalitäten einer Geldrente, insbesondere ihre Fälligkeit, festlegen. Sie können sich aber auch dafür entscheiden, dem Kind Naturalunterhalt statt einer Geldrente zu gewähren. Das hat die Folge, daß das Kind keine Geldrente verlangen kann. Es bekommt also keinen Unterhalt, wenn es das elterliche Heim verläßt oder nicht zu den Eltern zieht. Es kann nicht verlangen, daß ihm in Höhe der von den Eltern ersparten Aufwendungen oder der ihm im Rahmen des Naturalunterhalts zu überlassenden Geldbeträge für Sachaufwendungen und Taschengeld ein Barunterhalt bezahlt wird (BGH, NJW 1983, S. 2198). Leistet ein Dritter, z.B. als Verwandter oder aufgrund des BAföG ein Bundesland, den Barunterhalt, geht auf ihn kein Geldleistungsanspruch gegen die Eltern über, wenn die Eltern sich für den Naturalunterhalt entschieden haben (BGH, FamRZ 1981, S. 250, OLG Hamm NJW 1983, S. 2203).

Das Kind kann beim Vormundschaftsgericht (auch wenn es volljährig ist) beantragen, daß es die Bestimmung der Eltern ändert (§ 1612 Abs. 2 S. 2). Das Vormundschaftsgericht kann diese Entscheidung treffen, wenn besondere Gründe vorliegen (§ 1612 Abs. 2 S. 2), allerdings grundsätzlich nicht rückwirkend (OLG Hamm, FamRZ 1986, S. 384, 386; KG, FamRZ 1986, S. 1033; aA. OLG Düsseldorf, FamRZ 1987, S. 194). Besondere Gründe sind solche Umstände, die im Einzelfall schwerer wiegen als diejenigen Gründe, die den Gesetzgeber bewogen haben, den Eltern gemäß § 1612 Abs. 2 S. 1 das Recht einzuräumen, darüber zu befinden, wie sie den Unterhalt gewähren (BayObLG, FamRZ 1987, S. 1248). Solche Gründe sind anzunehmen, wenn es dem Kind nicht zuzumuten ist, bei den Eltern zu leben, z.B. wenn die Eltern auf Fehlverhalten des Kindes sehr hart, ungewöhnlich, entwürdigend reagieren (BayObLG, FamRZ 1986, S. 930), bei besonders unerfreulichen Familienverhältnissen, tiefgreifender Entfremdung (Palandt Erläuterung 3 a bb zu § 1612; LG Lübeck, FamRZ 1987, S. 1296), bei Mißhandlungen (OLG Zweibrücken, FamRZ 1986, S. 1034). Auf Verschulden kommt es nicht entscheidend an (BayObLG, a.a.O.); anders, wenn das Kind die unzumutbaren Verhältnisse schuldhaft herbeigeführt hat (OLG Hamm, NJW 1983, S. 2204; Palandt Erläuterung 3 a aa zu § 1612). Den üblichen Generationskonflikt muß das Kind ertragen (BayObLG, FamRZ 1985, S. 513; OLG Frankfurt, FamRZ 1982, S. 1231). Der Wunsch des Kindes nach selbständiger Lebensführung, nach Begründung eines eigenen Hausstandes ist kein besonderer Grund, genausowenig wie der Unwille des Kindes heimzukehren (BayObLG, FamRZ 1987, S. 1298). Hier ist vieles noch ungeklärt, z.B. auch die Frage, ob eventuell das Kind eine Herabsetzung der gewöhnlich geschuldeten Geldrente hinnehmen muß. Ein besonderer Grund ist gegeben, wenn das Kind, falls es die elterliche Bestimmung befolgt, nicht das von ihm befolgte Studium betreiben kann (OLG Hamburg, FamRZ 1987, S. 1183).

Die Ausübung des Bestimmungsrechts ist eine rechtsgeschäftliche, empfangsbedürftige Willenserklärung, die freilich auch durch schlüssiges Verhalten erfolgen kann, wenn das Verhalten als bindend zu werten ist (BGH, NJW 1983, S. 2198).

Leisten die Eltern ihrem minderjährigen Kind Naturalunterhalt, bedarf es nach Eintritt der Volljährigkeit keiner ausdrücklichen Bestimmung, wenn der Naturalunterhalt weiterlaufen soll (KG, FamRZ 1982, S. 423).

Dem nichtehelichen Vater oder dem während der Minderjährigkeit nicht personensorgeberechtigten ehelichen Vater steht das Bestimmungsrecht erst nach Volljährigkeit des Kindes zu. Wenn die persönlichen Beziehungen zwischen Kind und Vater schwach sind, wird das Vormundschaftsgericht hier zu der Annahme besonderer Gründe kommen, um die Bestimmung zu ändern (vgl. z.B. OLG Hamm, FamRZ 1985, S. 642).

Können sich die ehelichen, zusammenlebenden Eltern nicht einigen, liegt keine verbindliche Bstimmung vor, so daß das Kind Geldrente verlangen kann. Eine Entscheidung durch das Vormundschaftsgericht kommt nicht in Frage

(BGH, NJW 1988, S. 1974). Ist nur ein Elternteil unterhaltspflichtig, hat er allein das Bestimmungsrecht (OLG Hamm, NJW 1983, S. 2204; Palandt Erläuterung 2 c zu § 1612). Bietet ein Elternteil den gesamten Naturalhaushalt an und ist er zu einer entsprechenden Unterhaltsgewährung imstande, so braucht er nur den Naturalunterhalt zu leisten. Voraussetzung ist allerdings, daß dabei die Belange des anderen Elternteils genügend berücksichtigt werden. Dessen Belange werden durch die Unterhaltsbestimmung vor allem dann tangiert, wenn sie einen Eingriff in seine Lebensgestaltung und seine Lebensverhältnisse zur Folge hat, z.B. wenn das Kind bei ihm lebt (BGH, NJW 1988, S. 1974; OLG Hamm, FamRZ 1988, S. 1089). Der Naturalunterhalt Leistende hat grundsätzlich einen Ausgleichsanspruch als eine Art Aufwendungsersatz gegenüber dem anderen Elternteil (BGH, a.a.O.). Wollen beide Eltern, die geschieden sind bzw. getrennt leben, dem volljährigen Kind Naturalunterhalt gewähren und entscheidet sich das Kind für einen Elternteil, so ist die Bestimmung des anderen Elternteils, seinerseits Naturalunterhalt zu leisten, unwirksam (LG Berlin, FamRZ 1988, S. 977).

Haben getrennt lebende Eltern vereinbart, in welcher Art jeder von ihnen dem volljährigen Kind den Unterhalt gewährt, so kann sich ein Elternteil von dieser Vereinbarung jedenfalls nicht ohne besondere Gründe durch anderweitige Bestimmung der Art der Unterhaltsgewährung lösen (BGH, FamRZ 1983, S. 992).

Eine Unterhaltsbestimmung der Eltern muß den gesamten Lebensbedarf des Kindes umfassen, sonst ist sie unbeachtlich. Zwar kann sie ausnahmsweise zum Inhalt haben, daß der Unterhalt zu einem abgrenzbaren Teil in Natur (z.B. durch Wohnungsgewährung und/oder Verpflegung) und im übrigen durch die Überlassung von Geldbeträgen gewährt wird (vgl. BGH, NJW 1983, S. 2198). Sogenannte Betreuungsleistungen ergeben aber keinen hinreichend abgrenzbaren Ausschnitt des Unterhaltsbedarfs eines volljährigen Kindes. Aus dem gleichen Grunde ist eine Bestimmung in der Weise, daß der „auf einen Elternteil entfallende Haftungsanteil" in Natur geleistet werden soll, nicht wirksam (BGH, FamRZ 1986, S. 151).

Mit einer ersten Festlegung ist das Unterhaltsbestimmungsrecht der Eltern nicht verbraucht. Studiert das erwachsene Kind endgültig doch in unmittelbarer Nähe des Elternwohnsitzes, können die Eltern von der Geldrente auf den Naturalunterhalt zurückgreifen (OLG Frankfurt, FamRZ 1980, S. 820). Der Übergang zum Naturalunterhalt ist nicht verbindlich, wenn er offenbar rechtsmißbräuchlich ist (OLG Köln, FamRZ 1985, S. 829) oder wenn er gegen Treu und Glauben verstößt, weil sich das Kind aufgrund der früheren, gegenteiligen Entscheidung der Eltern auf die dadurch geschaffene Situation eingerichtet und entsprechende Maßnahmen getroffen hat (OLG Zweibrücken, FamRZ 1988, S. 204).

Siehe unter: Mutter. **Betreuung**

Siehe unter: Vernachlässigung der Aus- **Bummel-**
bildung. **studium**

Nach überwiegender Meinung der Gerich- **Darlehen**
te hat der Unterhaltsberechtigte die Möglichkeiten eines Kredits in den Grenzen
der Zumutbarkeit und Wirtschaftlichkeit
auszunutzen. Einem Studenten ist die
Aufnahme eines BAföG-Darlehens regelmäßig zumutbar (KG, FamRZ 1985, S.
962).

Es gibt keine Rechtsvorschrift über die **Düsseldorfer**
Unterhaltsbedarfsbeträge. Deswegen ha- **Tabelle**
ben die Richter des OLG Düsseldorf als
Grundlage für nachvollziehbare und
gleichmäßige Entscheidungen sich selbst
eine Tabelle erarbeitet und mit Anmer-
kungen versehen. Diese Tabelle hat sich
auch bei anderen Gerichten weitgehend
durchgesetzt. Sie wird im Abstand einiger
Jahre überarbeitet. Die Tabelle befaßt
sich mit minderjährigen Kindern, enthält
aber auch Aussagen zu Volljährigen. Sie
geht von der nicht mehr intakten Familie
aus, die aus den Eltern und zwei Kindern
besteht.
Bei Erscheinen dieses Buches ist die Fas-
sung der Düsseldorfer Tabelle vom
1. 1. 1989 der neueste Stand. Sie ist abge-
druckt in NJW 1988, S. 2352 und FamRZ
1988, S. 911.
Die verhältnismäßig niedrigen Ansätze

nach der Düsseldorfer Tabelle sind auf einen gegenüber einem Ehegatten und zwei minderjährigen Kindern unterhaltspflichtigen Elternteil zugeschnitten. Es ist bedenkenfrei, bei nur einem unterhaltsberechtigten minderjährigen Kind die Ausgangshöhe der Düsseldorfer Tabelle deutlich, d.h. um zwei Gruppen, zu erhöhen (OLG Hamburg, FamRZ 1985, S. 1071).

Änderungen der Düsseldorfer Tabelle beruhen zwar auf einer Veränderung der allgemeinen Verhältnisse, der im Abänderungsverfahren des § 323 ZPO Rechnung getragen werden kann. Gleichwohl führen Änderungen der Tabellenwerte nicht in jedem Fall zu einer nachträglichen wesentlichen Veränderung der Verhältnisse. Diese ist vielmehr im Einzelfall bsonders zu prüfen (OLG Karlsruhe, FamRZ 1986, S. 582).

Eigenbedarf Siehe unter: Selbstbehalt.

Einkommen des Unterhalts-pflichtigen Siehe unter: Leistungsfähigkeit.

Einstweilige Verfügung Im Wege der einstweiligen Verfügung kann „lediglich der zur Absicherung des notwendigen Unterhalts dringend erforderliche Betrag geltend gemacht werden", also nicht der angemessene Bedarf (OLG Düsseldorf, FamRZ 1986, S. 78).
Grundsätzlich können gemäß §§ 935, 940

ZPO im Wege der einstweiligen Verfügung nur Sicherungsmaßnahmen angeordnet werden. Eine Leistungsverfügung darf nur ausnahmsweise zur Abwendung wesentlicher Nachteile zugelassen werden, wenn der Gläubiger auf die Erfüllung dringend angewiesen ist und die geschuldete Leistung so kurzfristig erbracht werden muß, daß die Erwirkung eines Titels im ordentlichen Verfahren zu spät käme. Diese eingeschränkte Zulassung hat ihren Grund hauptsächlich darin, daß das sogenannte summarische (d.h. oberflächliche) Verfahren der einstweiligen Verfügung stets die Gefahr einer Verkürzung der Rechte des Schuldners in sich birgt, weil der bei Anordnung der Erfüllung unter Umständen eintretende Schaden später häufig nicht mehr behoben werden kann (OLG Düsseldorf, a.a.O.).

Für einen inzwischen vergangenen Zeitraum kann Unterhalt im Wege der einstweiligen Verfügung grundsätzlich nicht verlangt werden, auch nicht, soweit es sich um eine Zeit nach Stellung des Antrags handelt. Im Wege der einstweiligen Verfügung gem. §§ 935, 940 ZPO kann die Zahlung von Barunterhalt insoweit – aber auch nur insoweit – verlangt, werden, wie dies zur Abwendung einer bestehenden oder drohenden, auf andere Weise nicht zu beseitigenden dringenden Notlage erforderlich ist. Dieser Zweck läßt sich für eine Zeit, die in der Vergangenheit liegt, mit der einstweiligen Verfügung in der Regel nicht mehr erreichen, allenfalls unter Ausnahmebedingungen (OLG Zweibrücken, FamRZ 1986, S.76).

Eltern wohnen im eigenen Haus

Das Wohnen im eigenen Haus kann die unterhaltsrechtliche Leistungsfähigkeit erhöhen, denn der Eigentümer spart entsprechende Mietaufwendungen, wie sie ansonsten einen Teil des allgemeinen Lebensbedarfs ausmachen. Auf der anderen Seite sind freilich allgemeine Grundstückskosten und -lasten sowie gegebenenfalls Zins- und Tilgungsleistungen für Finanzierungsdarlehen aufzubringen. Soweit aber bei einer Gegenüberstellung mit den Kosten, die mit dem Grundeigentum verbunden sind, der Vorteil der ersparten Miete überwiegt, der Eigentümer also billiger lebt als der Mieter einer vergleichbaren Wohnung, ist dieser Vorteil für die Unterhaltsbemessung als eine Art Einkommen entsprechend anzusetzen (BGH, FamRZ 1986, S. 48).

Ersatzanspruch des Unterhaltsleistenden

Hat jemand Unterhalt geleistet, ohne dazu verpflichtet zu sein, so hat er dann keinen Ersatzanspruch gegen den Unterhaltspflichtigen, wenn er keine Absicht hatte, Ersatz zu verlangen (§ 685 Abs. 1 BGB). Hat jemand Unterhalt geleistet, weil der vor ihm zum Unterhalt Verpflichtete (siehe unter: Reihenfolge) nicht im Inland war oder die Rechtsverfolgung gegen ihn erheblich erschwert war, geht der Anspruch des Unterhaltsberechtigten gegen den in erster Linie zum Unterhalt Verpflichteten auf den Leistenden über (§ 1607 Abs. 2 BGB).

Die Bedürftigkeit eines gegenüber dem
Vater aufgrund rechtskräftigen Urteils
unterhaltsberechtigten Sohnes entfällt in
der Regel dann, wenn sich dieser nach der
Schulzeit (hier: Abgang von der Haupt-
schule ohne Abschluß) innerhalb einer
angemessenen Frist (hier: vier Monate bis
zur Klageerhebung und ein Jahr drei Monate bis zur mündlichen Verhandlung
über die Berufung) weder um eine zumutbare dauerhafte Erwerbstätigkeit noch
um eine weitere angemessene Berufsausbildung bemüht. Dabei spielt es keine entscheidende Rolle, ob der Sohn am Ende
der Schulzeit bereits volljährig war oder
nicht (hier: 17 Jahre, sechs Monate; OLG
Nürnberg, FamRZ 1981, S. 300).

Ein 24 Jahre alter unverheirateter Sohn,
der das Abitur nicht geschafft, seit vier
Jahren das Elternhaus verlassen und
sich in Berlin niedergelassen hat, wo er
verschiedene Arbeiten verrichtet hat,
nachdem er konkrete Berufsausbildungs-
pläne nicht mehr besitzt, kann, wenn er
in Berlin arbeitslos geworden ist, von seinem Vater keinen Unterhalt mit der Begründung verlangen, in Berlin könne er
derzeit keine Arbeit finden. Es ist ihm zuzumuten, im gesamten Bundesgebiet
nach einer Arbeitsstelle als ungelernter
Arbeiter zu suchen (OLG Köln, FamRZ
1982, S. 942).

Einem volljährigen Kind, das nach Abschluß der Berufsausbildung keine Stelle
im erlernten Beruf findet oder eine solche
verliert, ist im Verhältnis zu seinen El-

tern nach längerer Arbeitslosigkeit jedwede Arbeit zumutbar. Die Anspruchsvoraussetzung der Bedürftigkeit ist nur dann erfüllt, wenn der Berechtigte nachweist, daß er eine nach diesem Maßstab zumutbare Arbeit trotz intensiver Bemühungen nicht finden kann (OLG Köln, FamRZ 1986, S. 499).

Erwerbs-obliegenheit

Damit ist gemeint, was meistens als Erwerbspflicht bezeichnet wird und insofern nicht korrekt ist, als niemand zur Arbeit gezwungen werden kann. Mit „Obliegenheit" wird zum Ausdruck gebracht: Wer ihr nicht genügt, wird so behandelt, als wenn er durch Arbeit Geld verdiente.
Erwerbsobliegenheit trifft sowohl den Unterhaltsberechtigten als auch den Unterhaltspflichtigen. Wer seine Erwerbsobliegenheit nicht erfüllt, wird also, obwohl er nichts verdient, so eingeschätzt, als ob er nicht bedürftig bzw. als ob er imstande (leistungsfähig) wäre, Unterhalt zu leisten. Siehe auch unter: Bedürftigkeit, Leistungsfähigkeit.

Während der Dauer der Ausbildung sind Kinder grundsätzlich nicht erwerbspflichtig, unabhängig davon, ob sie volljährig sind.
Der Volljährige ist gehalten, alles in seinen Kräften Stehende zu tun, um sich selbst zu erhalten. Er muß dabei auch persönliche Unannehmlichkeiten in Kauf nehmen, ehe den Eltern die Last einer Zahlung aufgebürdet wird, um dem Volljährigen die Annehmlichkeiten der ge-

wohnten Umgebung zu erhalten. Er kann daher nicht vorbringen, ihm sei nicht zuzumuten, seine gewohnte Umgebung zu verlassen, um Arbeit zu suchen (OLG Köln, FamRZ 1983, S. 942).

Ein volljähriges Kind, das in seinem erlernten Beruf keine Anstellung findet, muß jede Arbeit ergreifen, bevor es einen Elternteil in Anspruch nimmt (OLG Zweibrücken, FamRZ 1984, S. 1250).

Ein Volljähriger, der sich zur Begründung seines Unterhaltsanspruchs nicht auf § 1610 Abs. 2 BGB (angemessene Ausbildung) berufen kann, muß berufsfremde und einfachste Tätigkeiten aufnehmen, ehe er seine Eltern auf Unterhalt in Anspruch nehmen kann (OLG Frankfurt, FamRZ 1987, S. 188).

Ist eine Ausbildung ohne Verschulden des Auszubildenden abgebrochen worden, wird dem Volljährigen allenfalls eine Frist von drei Monaten für die Suche eines anderen Ausbildungsplatzes oder einer Arbeitsstelle zugebilligt, wenn nicht besondere Erschwernisgründe vorliegen (OLG Hamm, FamRZ 1987, S. 411).

Der Unterhaltspflichtige muß sich grundsätzlich eine fiktive Miete für eine vermietbare, aber nicht vermietete Wohnung in seinem Haus anrechnen lassen, allerdings dann nicht, wenn er in dieser Wohnung seine unterhaltsbedürftigen Kinder unterbringt (OLG Frankfurt, FamRZ 1987, S. 190).

Kosten für die einmalige Examenswiederholung gehören zur Unterhaltsverpflich-

Examenswiederholung

tung (MünchK und Soergel, jeweils RN 19
zu § 1610 BGB).

**Existenz-
minimum des
Unterhalts-
pflichtigen**

Siehe unter: Selbstbehalt.

Fälligkeit

Siehe unter: Vorausleistung.

**Familienan-
gehörige**

Maßgebend für den Unterhaltsanspruch
ist der eigene Bedarf des Unterhaltsberechtigten, nicht der zusätzliche Bedarf,
den sein Ehegatte und seine Kinder haben, die von ihm leben wollen. Diese können allenfalls eigene Unterhaltsansprüche gegen die Verwandten haben.

Faulheit

Siehe unter: Vernachlässigung der Ausbildung, Erwerbslosigkeit des Kindes, Erwerbsobliegenheit und Leistungsfähigkeit.

**Freistellung
eines Eltern-
teils durch den
anderen**

Verpflichtet sich in einem (hier: außerge-
richtlichen) umfassenden Scheidungsfol-
genvergleich einer der Ehegatten (hier:
die Mutter) zur alleinigen Tragung des
Unterhalts für das gemeinsame Kind
(= Freistellung des anderen Ehegatten),
so ist diese Vereinbarung in der Regel weder nach §§ 134, 1614 BGB als unwirksam anzusehen, noch ist in ihr ein –
formbedürftiges (§ 518 BGB) – Schen-

kungsversprechen zu erblicken (OLG Hamm, FamRZ 1980, S. 724).

Wenn die Mutter, bei welcher das Kind lebt, den Vater freistellt und dann das Kind doch den Vater auf Geldrente in Anspruch nimmt, so hat der Vater gegen die Mutter einen Ausgleichsanspruch (vgl. OLG Braunschweig, FamRZ 1982, S. 91).

Verpflichtet sich die in dürftigen Verhältnissen lebende Mutter durch Vertrag mit dem Vater, für den Unterhalt der gemeinsamen Kinder allein aufzukommen, um den Vater zu bewegen, der Übertragung der elterlichen Sorge auf sie zuzustimmen, so verstößt dieser Vertrag gegen die guten Sitten und ist damit nichtig (entschieden bei minderjährigen Kindern, OLG Hamburg, FamRZ 1984, S. 1223).

Geldrente

Die Zahlung einer Geldrente (Barunterhalt) ist die vom Gesetz (§ 1612 Abs. 1 S. 1 BGB) vorgesehene Normalart, in welcher Unterhalt zu leisten ist. Ein Darlehen ist keine Geldrente.

Gegenüber dem unverheirateten Kind, auch wenn es volljährig ist, haben die Eltern ein Bestimmungsrecht: Sie können die Modalitäten der Geldrente (z.B. Fälligkeit) bestimmen, auch Naturalunterhalt festlegen (§ 1612 Abs. 2 S. 1).

Die Höhe der Geldrente (Unterhaltshöhe) hängt vom Bedarf des Unterhaltsberechtigten und von der Leistungsfähigkeit des Unterhaltspflichtigen ab.

Auch gegenüber anderen Verwandten (z.B. verheiratetes Kind oder Eltern) oder gegenüber dem Ehegatten kann der Unterhaltspflichtige verlangen, daß ihm die Gewährung des Unterhalts in anderer Weise als durch Geldrente gestattet wird (§ 1612 Abs. 1 S. 2). Aufwandersparnis ist hierbei kein hinreichender Grund.

Gericht

Zuständiges Gericht zur Entscheidung über den Unterhaltsanspruch eines ehelichen Kindes ist das Amtsgericht, Abteilung Familiengericht (§ 23 b Abs. 1 Nr. 5 GVG, § 621 ZPO). Es entscheidet ein Richter am AG, als Familienrichter bezeichnet (§ 23 b Abs. 3 GVG).

Der Volljährige muß selber klagen. Im Falle der Scheidung seiner Eltern wird sein Unterhaltsanspruch nicht mitgeregelt.

Gegen das Urteil des Familiengerichts kann Berufung eingelegt werden, worüber das OLG (Familiensenat) entscheidet (§ 119 GVG). Dieses kann, wenn eine grundsätzliche Rechtsfrage zu klären ist, die Revision zum BGH zulassen (§ 546 ZPO). Dann kann der Unterlegene Revision einlegen.

Vor dem Familiengericht, dem OLG und dem BGH besteht Anwaltszwang (§ 78 ZPO).

In besonderen Fällen (z.B. nach § 1612 Abs. 2 S. 2 BGB zur Abänderung des elterlichen Bestimmungsrechts) ist das Vormundschaftsgericht zuständig. Das ist eine andere Abteilung des AG. Dort entscheidet ein Rechtspfleger, also kein Richter, kein Jurist. Gegen die Entscheidung des Vormundschaftsgerichts kann Beschwerde eingelegt werden. Über sie entscheidet das LG. Geht es allein um eine rechtliche, nicht um eine tatsächliche Frage, kann weitere Beschwerde gegen den Beschluß des LG erhoben werden. Darüber entscheidet das OLG.

Nach den Grundsätzen über die Unterhaltsleistungen Dritter muß sich ein Unterhaltspflichtiger unter Umständen ein Geschenk, jedenfalls ein großes Geschenk oder ein Geschenk laufender Zahlungen, mit der Folge anrechnen lassen, daß es seinen Bedarf mindert. Es kommt aber dabei darauf an, ob das der Schenkende wollte. Die üblichen Gelegenheitsgeschenke sind für die Unterhaltsansprüche unbeachtlich (vgl. MünchK RN 13c zu § 1602 BGB).

Geschenk

Nach der Scheidung wird das Kind nicht wieder zum unverheirateten Kind. Es muß sich bei Bedürftigkeit zunächst an den geschiedenen Ehegatten halten (§ 1584 BGB). Erst wenn dieser nicht leistungsfähig ist, kann es gegen die Eltern Ansprüche geltend machen.

Geschiedenes Kind

Gegenüber Geschwistern besteht kein Unterhaltsanspruch, weil sie miteinander nicht in gerader Linie verwandt sind.
Hat der Volljährige Geschwister, die gegenüber seinen Eltern bzw. demselben Elternteil unterhaltsberechtigt sind, so hat das Einfluß auf den Unterhaltsanspruch des Volljährigen (siehe unter: Verhältnis zu anderen Unterhaltsberechtigten, insbesondere zu Geschwistern).

Geschwister

Großeltern

Hat ein volljähriger junger Mensch keinen Unterhaltsanspruch gegen seine Eltern, etwa weil diese nicht mehr als ihren Selbsterhalt haben oder weil sie zunächst minderjährige Kinder ernähren müssen, kann ein Anspruch gegen Großeltern bestehen, weil auch sie Verwandte in gerader Linie sind. Sind die Großeltern zum Unterhalt verpflichtet, können sie die Zahlungen nicht bei den Eltern einfordern.

Das Gesagte gilt auch für einen einzelnen Großelternteil.

Hausmann als Unterhalts- pflichtiger

Ein Vater, der in zweiter Ehe die Rolle des Hausmannes übernommen und ein minderjähriges Kind zu betreuen hat, ist seinen volljährigen Kindern aus erster Ehe gegenüber grundsätzlich nicht zur Aufnahme einer Nebenbeschäftigung verpflichtet. Verfügt er tatsächlich über Nebeneinkünfte, so ist es nicht unbillig, wenn er damit zum Ausbildungsunterhalt seiner erstehelichen Kinder beiträgt (OLG Düsseldorf, FamRZ 1985, S. 1281).

Es kommt aber auf die Umstände an. Ein Vater kann sich nicht ohne weiteres seiner Unterhaltsverpflichtung dadurch entziehen, daß er ein minderjähriges Kind aus der zweiten Ehe betreut, denn auch die Mutter ist in solchen Fällen verpflichtet, je nach der Betreuungsbedürftigkeit des minderjährigen Kindes einem Erwerb nachzugehen.

Heirat

Siehe unter: verheiratetes Kind.

Siehe unter: Altersgrenze. **Höchstalter**

Siehe unter: Mutterschaft einer Unterhaltsberechtigten. **Kind des Unterhaltsberechtigten**

Kindergeld wird den Eltern wegen ihrer Belastung durch Kindesunterhalt gewährt. Das Kindergeld steht grundsätzlich beiden Eltern je zur Hälfte zu. Lebt das Kind bei der Mutter und wird ihr das Kindergeld überwiesen, kann davon ausgegangen werden, daß sie dem Kind die väterliche Hälfte aushändigt, so daß sich der Bedarf des Kindes entsprechend mindert (BGH, FamRZ 1985, S. 541). **Kindergeld**

Beziehen die Eltern Kindergeld für mehrere Kinder, so ist als auf die einzelnen Kinder entfallend nicht der Betrag anzusehen, der staatlicherseits für das jeweilige Kind ausgezahlt wird. Vielmehr ist nach § 12 Abs. 4 BKGG die Summe aller Kindergeldbeträge gleichmäßig auf die Kinder zu verteilen. Davon ist bei der Berechnung des Unterhaltsbedarfs auszugehen. Die Eltern können aber etwas anderes vereinbaren (BGH, a.a.O.).

Ein unterhaltsrechtlicher Ausgleich des staatlichen Kindergeldes unter getrennt lebenden oder geschiedenen Ehegatten hat nur insoweit stattzufinden, als dieses für gemeinschaftliche Kinder gezahlt wird. Soweit einem Elternteil wegen der Berücksichtigung eines weiteren, nicht gemeinsamen Kindes ein Zählkindvorteil erwächst, ist dieser dem Kindergeld für die gemeinsamen ehelichen Kinder weder

ganz noch teilweise zuzurechnen und damit auch nicht in den Ausgleich einzube-
ziehen (BGH, FamRZ 1984, S. 1000).

Ein Kind, dessen Vorhandensein das dem
barunterhaltpflichtigen Elternteil für
andere Kinder zustehende Kindergeld erhöht, hat keinen von der Leistungsfähigkeit des Pflichtigen unabhängigen Anspruch auf Auskehrung dieses sogenannten Zählkindvorteils, kann also nicht einfach die Herausgabe dieses Kindergeldes
verlangen (BGH, FamRZ 1985, S. 1243).

Der Zweck des Kindergeldes gebietet, daß
es in dem Umfange von einer unterhalts-
rechtlichen Heranziehung ausgenommen
bleibt, als es dem Elternteil allein für die
von ihm unterhaltenen Kinder zusteht.
Der darüber hinausgehende Teil, der
Zählkindvorteil, führt zu einem Vermö-
gensvorteil, der außerhalb jener Zweck-
bestimmung liegt. Insoweit ist es gerechtfertigt, diesen Teil des Kindergeldes als
verfügbares Einkommen zu behandeln
und bei der Ermittlung der Leistungsfähigkeit des bezugsberechtigten Elternteils zu berücksichtigen (BGH, FamRZ
1987, S. 270; OLG Bamberg, FamRZ 1981,
S. 1196; OLG Hamburg, FamRZ 1983, S.
749).

Ein Zählkindvorteil, den die Mutter des
nichtehelichen Kindes wegen weiterer,
nicht aus ihrer Verbindung mit dem Vater des nichtehelichen Kindes stammen-
der Kinder hat, wirkt sich nicht zugun-
sten des nichtehelichen Vaters aus. In
gleicher Weise hat aber auch für den um-
gekehrten Fall des Zählkindvorteils auf
seiten des unterhaltspflichtigen Vaters zu

gelten, daß diesem der Zählkindvorteil allein verbleiben muß, weil nur er für das gemeinsame und seine weiteren ehelichen Kinder Unterhalt zu leisten hat (LG Oldenburg, FamRZ 1986, S. 505).

Erhält ein Elternteil zu seiner Sozialversicherungsrente einen Kinderzuschuß für ein volljähriges Kind, muß er ihn dem unterhaltsberechtigten Kind zahlen, selbst wenn dem Elternteil dann weniger verbleibt als der notwendige Eigenbedarf. Wenn das Kind bei diesem Elternteil lebt, muß es sich gegenüber dem anderen, barunterhaltspflichtigen Elternteil diesen Kinderzuschuß anrechnen lassen (OLG Hamburg, FamRZ 1985, S. 960).

Kinderzuschuß

Zahlt der Unterhaltspflichtige einen gewissen Betrag freiwillig und will der Unterhaltspflichtige mehr, so kann er auf die volle Höhe klagen, damit er für diese insgesamt einen vollstreckbaren Titel erhält. Für den freiwillig gezahlten Sockelbetrag werden niedrigere Gerichtskosten angesetzt (OLG Düsseldorf, FamRZ 1987, S. 1280).

Klageantrag

Ein gewisses, nicht zu kleinliches Recht zur Kontrolle, ob der Unterhaltsberechtigte wirklich seiner Berufsausbildung nachgeht oder bedürftig ist, steht dem Unterhaltspflichtigen zu (Palandt, Erläuterung 4a, cc; BGH, NJW 1987, S. 1557).

Kontrolle durch den Unterhaltspflichtigen

Dem Informationsrecht des Unterhaltspflichtigen ist Genüge getan, wenn der
Unterhaltsberechtigte ihm entsprechende
Zeugnisse über den bisherigen erfolgrei-
chen Verlauf der Ausbildung vorlegt. Einer Vorlage des Studienbuches bedarf es
nicht (OLG Celle, FamRZ 1980, S. 914).

**Kranken-
schein**

Gehören die Elternteile unterschiedlichen
Krankenkassen an, ist für die unterhaltsberechtigten Kinder gem. § 205 Abs. 4 S. 2
RVO die Krankenkasse des (selbständig
versicherten) Elternteils leistungspflich-
tig, für den im letzten Monat vor Eintritt
des Versicherungsfalles der höhere Betrag zu entrichten war; das ist stets die
Krankenkasse des Besserverdienenden.
Der Unterhaltsberechtigte, der gem. § 205
RVO beim Unterhaltpflichtigen mitversi-
chert ist, hat gegen diesen einen Anspruch auf Aushändigung von Kranken-
scheinen. Der Berechtigte kann den Anspruch unter Umständen im Wege der
einstweiligen Verfügung durchsetzen
und braucht grundsätzlich nicht zu offen-
baren, warum er einen Arzt aufsuchen
will (OLG Düsseldorf, FamRZ 1986, S. 78).

**Krankenver-
sicherung**

Die Unterhaltspflicht schließt auch Vor-
sorgemaßnahmen für den Fall der
Krankheit ein. Normalerweise wird diesem Vorsorgeanspruch durch den aus der
gesetzlichen oder privaten Krankenver-
sicherung des Unterhaltpflichtigen abgeleiteten Versicherungsschutz für die
nicht erwerbstätigen Familienmitglieder,

insbesondere die Kinder, Genüge getan; in anderen Fällen sind dagegen Beiträge zu einer privaten Krankenkasse zu leisten. Die Krankheitsvorsorge kann der barunterhaltspflichtige Elternteil demgemäß grundsätzlich auch durch Zahlung einer entsprechenden Unterhaltsrente leisten. Leistet er ihn aber dadurch, daß er einer versicherungspflichtigen Tätigkeit nachgeht und auf diese Weise seinen unterhaltsberechtigten Kindern abgeleiteten Krankenversicherungsschutz bietet, liegt darin eine konkludente Ausübung seines Bestimmungsrechts nach § 1612 Abs. 2 S. 1 BGB (sagte das OLG Düsseldorf, FamRZ 1986, S. 78 – das ist aber anzuzweifeln!), weil er insoweit den geschuldeten Unterhalt in anderer Art als durch Entrichtung der vom Gesetz generell vorgesehenen Geldrente (§ 1612 Abs. 1 S. 1) gewährt; er ist dann allerdings sowohl verpflichtet, diesen einmal eingeschlagenen, ihm finanziell günstigen Weg der Unterhaltsgewährung solange beizubehalten, wie eine hinreichende Krankheitsvorsorge nicht auf andere Weise sichergestellt ist, als auch gehalten, den Kindern die Nutzung des abgeleiteten Versicherungsschutzes tatsächlich zu ermöglichen, indem er ihnen die dafür erforderlichen Krankenscheine zugänglich macht (OLG Düsseldorf, a.a.O.).

§ 1610 Abs. 1 BGB sagt: „Das Maß des zu gewährenden Unterhalts bestimmt sich nach der Lebensstellung des Bedürftigen (angemessener Unterhalt)."

Lebensstellung

Bei minderjährigen Kindern richtet sich die Lebensstellung wegen ihrer wirtschaftlichen Unselbständigkeit nach derjenigen der Eltern, wobei in erster Linie auf das Einkommen des barunterhaltspflichtigen Elternteils abzustellen ist (BGH, FamRZ 1981, S. 543, 545). Das bedeutet allerdings nicht, daß der Unterhaltspflichtige ohne Begrenzung einen um so höheren Barunterhalt schuldet, je mehr Einkünfte er hat. Vielmehr ergibt sich eine Begrenzung des Unterhalts aus der besonderen Lage, in der sich minderjährige Kinder während des Heranwachsens und ihrer Ausbildungszeit befinden. Anders als Ehegatten, für die der Grundsatz der gleichmäßigen Teilhabe gilt, können Kinder nicht einen bestimmten Anteil an dem durch sein Einkommen bestimmten Lebensstandard des Unterhaltspflichtigen verlangen. Unterhaltsgewährung für Kinder bedeutet zwar stets Befriedigung des gesamten – auch eines gehobenen – Lebensbedarfs, nicht aber Teilhabe am Luxus (BGH, FamRZ 1983, S. 473 f.).

Nichts anderes kann für volljährige, aber noch in der Ausbildung befindliche Kinder gelten. Für diese ist vielmehr zusätzlich zu berücksichtigen, daß sie durch ihre Volljährigkeit und die Aufnahme der Ausbildung in eine eigene Lebensstellung hineinwachsen, die sich gegenüber derjenigen des barunterhaltspflichtigen Elternteils immer stärker verselbständigt. Ihr Unterhaltsbedarf wird nunmehr in erster Linie durch die Ausbildung und die damit zusammenhängenden Kosten be-

stimmt. Nicht zuletzt aus diesem Grund
ist der angemessene Gesamtunterhaltsbedarf eines Studierenden, der nicht bei seinen Eltern wohnt, in der Düsseldorfer Tabelle (siehe dort) unabhängig von den Ein-
kommensverhältnissen des barunterhaltspflichtigen Elternteils festgesetzt
worden. Dies schließt zwar nicht aus, daß
bei einer außergewöhnlich guten Ver-
dienstsituation des Unterhaltsschuldners
eine Anhebung der vorgenannten Bedarfssätze geboten ist. Gleichwohl muß
sich deren Höhe stets an der zunehmen-
den Verselbständigung des volljährigen
Unterhaltsgläubigers und an dem Unter-
haltszweck, nämlich der Sicherstellung
des angemessenen Studienbedarfs, orien-
tieren (OLG Düsseldorf, FamRZ 1986, S.
93; ähnlich BGH, FamRZ 1986, S. 151).
Eine die Studenten begünstigende Hal-
tung nimmt der BGH (FamRZ 1987, S. 58)
ein: „Hat ein Student keine eigenen Einkünfte, so fehlt es an einer unterhaltsrechtlich relevanten originären Lebensstellung; solange das Kind auch nach Eintritt der Volljährigkeit für seinen Lebensunterhalt auf die ihm von seinen Eltern
zur Verfügung gestellten Mittel angewiesen ist, bleibt seine Lebensstellung von
ihnen abgeleitet." Das bedeutet wieder-
um: Befriedigung des „gesamten – auch
eines gehobenen – Lebensbedarfs, nicht
aber Teilhabe am Luxus" (BGH, a.a.O.).
Wenn die Ausbildung abgeschlossen ist,
hat der Volljährige eine selbständige, also
nicht von den Eltern abgeleitete Lebensstellung. Eine selbständige Lebensstellung setzt nicht voraus, daß der Volljähri-

ge den erlernten Beruf nachhaltig über eine bestimmte Dauer hinweg ausgeübt hat (OLG Stuttgart, FamRZ 1987, S. 409).

Leistungen Dritter

Grundsätzlich brauchen sich weder der Unterhaltsberechtigte (für seine Leistungsfähigkeit) noch der Unterhaltspflichtige (für seine Bedürftigkeit) freiwillige Leistungen Dritter anrechnen zu lassen. Der Unterhaltsberechtigte muß sich freiwillige Leistungen eines Dritten jedoch bedarfsmindernd anrechnen lassen, wenn der Dritte ihn für längere Zeit unterhalten will und kann. Solche Leistungen kommen dann also im Ergebnis dem Unterhaltspflichtigen zugute. Das ist z.B. der Fall bei Stipendien für Hochbegabte, vergeben von der Studienstiftung des Deutschen Volkes (OLG Bamberg, FamRZ 1986, S. 1028) und bei solchen BAföG-Leistungen, für die dem leistenden Bundesland kein Ersatzanspruch gegen den Unterhaltspflichtigen entsteht. Es kommt auch darauf an, ob es dem Willen des Dritten entspricht, daß auch der Unterhaltspflichtige Vorteile aus der Zuwendung zieht (Soergel RN 3 zu § 1602 BGB).
Siehe auch unter: Unterhaltsleistungen Dritter.

Leistungsfähigkeit

Nur derjenige muß Unterhalt leisten, der dazu imstande, der mit anderen Worten leistungsfähig ist. Maßgeblich ist § 1603 Abs. 1 BGB: „Unterhaltspflichtig ist nicht, wer bei Berücksichtigung seiner sonstigen Verpflichtungen außerstande ist, ohne Gefährdung seines angemessenen Unterhalts den Unterhalt zu gewähren." Gegenüber minderjährigen und verheirateten Kindern müssen sich Eltern noch weiter einschränken lassen (§ 1603 Abs. 2); insofern werden Eltern durch die Volljährigkeit ihres Kindes entlastet. Sie haben nun gegenüber dem Kind ein Recht auf den großen Selbstbehalt, nicht mehr nur auf den kleinen Selbstbehalt (siehe dort).

Wer sich auf seine nicht vorhandene oder für die Höhe des geltend gemachten Anspruchs nicht ausreichende Leistungsfähigkeit beruft, muß dafür Beweis antreten, unter anderem durch Bestätigungen des Arbeitgebers oder – bei einem Selbständigen – durch den Einkommensteuerbescheid.

Wenn sich jemand seiner Unterhaltspflicht entzieht, indem er keinem Verdienst nachgeht oder nur gegen geringfügiges Entgelt arbeitet, riskiert er, daß das Gericht dies nicht berücksichtigt und den Unterhalt so festlegt, als ob er ordentlich verdiente (die Gerichte gehen grundsätzlich von einer Erwerbsobliegenheit des Unterhaltspflichtigen aus). Das nützt dem Unterhaltsberechtigten freilich solange nichts, wie bei dem Unterhaltspflichtigen nichts zu holen ist. Allerdings kann bei diesem dann gepfändet werden, wenn er wieder zu Geld gekommen ist. Für den Fall, daß der Unterhaltsverpflichtete bei jemandem (z.B. auch bei seinem Ehegatten) Dienste leistet, die üblicherweise vergütet werden, ohne daß eine entsprechende Vergütung vereinbart bzw. gezahlt wird, fingiert das Gesetz (§ 850 h ZPO) eine angemessene Vergütung, die der Unterhaltsberechtigte pfänden kann.

Bei der Beurteilung der Leistungsfähigkeit sind sämtliche Einkünfte des Unterhaltspflichtigen heranzuziehen (BGH, FamRZ 1981, S. 338 und S. 541). Es kommt nicht darauf an, wie sie etwa steuerrechtlich zu beurteilen sind. Auszugehen ist vom Bruttoeinkommen abzüglich Steuern und Sozialabgaben (= Nettoeinkommen). Bei Arbeitnehmern ist in der Regel das Durchschnittseinkommen der letzten zwölf Monate maßgeblich. Eingeschlossen sind bei Beamten Orts- und Kinderzuschläge (BGH, FamRZ 1983, S. 49). Zu berücksichtigen sind auch Sozialversicherungsrenten, Kindergeld und Wohngeld (BGH, NJW 1982, S. 1641). Hinzuzuzählen sind auch Nebeneinkünfte wie Trinkgelder, Weihnachts- und Urlaubsgeld, Streikgeld, Schutz-, Nacht-, Feiertags- und Bekleidungszulagen sowie Spesen und Aufwandsentschädigungen insoweit, als sie die tatsächlichen Aufwendungen übersteigen. Überstundenvergütungen werden hinzugerechnet, soweit sie das übliche Maß nicht übersteigen. Geldwerte Vorteile aller Art wie freie PKW-Benutzung, freie Kost, Kantinenmarken, Deputat, freie Wohnung sind mit dem Geldwert anzusetzen, ebenso das Wohnen im eigenen Haus (OLG Köln, FamRZ 1981, S. 489).

Tilgungen auf Hypothekendarlehen bezüglich Hausbesitz müssen dann einkommensmindernd berücksichtigt werden, wenn der Unterhaltspflichtige unter Einsatz von Fremdkapital mehrere Mietobjekte erworben und auf diese Weise zusätzliche Einkommensquellen geschaffen hat (OLG Köln, a.a.O.). Er kann daneben aber nicht auch noch Abschreibungen geltend machen (OLG Düsseldorf, FamRZ 1982, S. 1108).

Das OLG Stuttgart (FamRZ 1982, S. 727) stellte fest:

„1. Hat ein Unterhaltsschuldner Zins- und Tilgungsleistungen für ein Darlehen aufzubringen, das er zum Zwecke des Erwerbs und Umbaus eines Hausanwesens, also zum Zwecke der Vermögensbildung, aufgenommen hat, so sind bei der Bemessung des seinem ehelichen Kind zustehenden Unterhalts diese Leistungen bei der Bedarfs- und Leistungsfähigkeitsbestimmung nicht zu berücksichtigen.

2. Steuerbegünstigungen in Form von Freibeträgen oder Steuerrückzahlungen, ferner sonstige wirtschaftliche Vorteile, die auf diesen nicht zu berücksichtigenden Zins- und Tilgungsleistungen beruhen oder ihretwegen gewährt werden, sind dann ebenfalls bei der Unterhaltsbemessung nicht zu berücksichtigen."

Die Leistungsfähigkeit eines Gewerbetreibenden bemißt sich mindestens vom erzielten versteuerten Gewinn. Er erhöht sich, wenn bei der Steuerbemessung der private Nutzungsanteil an Wirtschaftsgütern des Betriebsvermögens zu niedrig (angesichts der tatsächlichen Nutzung) angesetzt worden ist oder wenn den vorgenommenen Abschreibungen kein echter Wertverlust gegenübersteht. Sonderabschreibungen, die zu Investitionen anregen sollen, entsprechen keinem echten Wertverlust. Der Unterhaltsschuldner kann also seine mangelnde oder eingeschränkte Leistungsfähigkeit nicht mit dem bloßen Hinweis auf seine Bilanzen begründen. Abzugsfähig sind in der Regel jedoch zumindest die Vorsorgeaufwendungen, die für einen nichtselbständigen Arbeitnehmer als Beiträge zur Sozialversicherung zu entrichten wären (OLG Bamberg, FamRZ 1987, S. 1181).

Bei Ermittlung der Leistungsfähigkeit eines im öffentlichen Dienst stehenden Unterhaltsschuldners sind Kosten für Einrichtung und Unterhaltung eines Arbeitszimmers, für Telefon und für Zwecke der beruflichen Fortbildung grundsätzlich selbst dann nicht als einkommensmindernd abzuziehen, wenn sie steuerrechtlich als Werbungskosten anerkannt werden (OLG Bamberg, FamRZ 1987, S. 1295).

Insoweit es für die Unterhaltshöhe auf die Leistungsfähigkeit ankommt, ist das zusammengerechnete Einkommen beider Eltern maßgeblich (OLG Frankfurt, FamRZ 1987, S. 190).

Die Leistungsunfähigkeit oder eingeschränkte Leistungsfähigkeit des Unterhaltspflichtigen ist von den Gerichten auch dann anzuerkennen, wenn der Unterhaltspflichtige sie selbst herbeigeführt hat. Eine Ausnahme davon, also Unbeachtlichkeit, gibt es nur dann, wenn ihm ein verantwortungsloses, zumindest leichtfertiges Verhalten vorgeworfen werden kann (BGH, FamRZ 1987, S. 372; OLG Stuttgart, FamRZ 1987, S. 699). Der Unterhaltspflichtige muß, wenn er seine Leistungsfähigkeit einschränkt, wenigstens für eine Übergangszeit Vorsorge dafür treffen, daß er seine Unterhaltspflichten erfüllen kann. Das kann und muß er durch rechtzeitige Rücklagen oder durch Kreditaufnahme tun (BGH, a.a.O.).

Mahnung ist die bestimmte und eindeutige Aufforderung, eine fällige (also nicht erst künftige) Leistung zu erbringen (Palandt, Erl. 3 zu § 284 BGB). Fristsetzung ist nicht erforderlich, ebensowenig ein Hinweis auf die Folgen der Mahnung. Die Mahnung braucht nicht schriftlich zu erfolgen; eine nicht schriftliche Mahnung kann aber zu Beweisschwierigkeiten führen. Grundsätzlich muß deutlich sein, welcher Betrag angemahnt wird. Ist der Unterhaltsberechtigte nicht imstande, seinen Anspruch zu beziffern, weil er die Vermögensverhältnisse des Unterhaltsverpflichteten nicht kennt, genügt auch eine unbezifferte Forderung, falls es dem Verpflichteten möglich ist, den zu zahlenden Betrag zu konkretisieren (OLG Karlsruhe, FamRZ 1980, S. 917).

Mahnung

Die Einleitung eines Strafverfahrens wegen Verletzung der Unterhaltspflicht ist keine Mahnung (BGH, FamRZ 1987, S. 472).

Mutter

Solange der Unterhaltsberechtigte minderjährig und unverheiratet ist, gilt § 1606 Abs. 3 S. 2 BGB: Die Mutter erfüllt ihre Unterhaltsverpflichtung durch die Pflege und Erziehung des Kindes (sog. Betreuung). Sie braucht also keinen Barunterhalt zu leisten.

Beim minderjährigen Verheirateten und beim Volljährigen gibt es diese Betreuung grundsätzlich nicht mehr. Nach der Rechtsprechung des BGH (FamRZ 1981, S. 541) genügt die Mutter allerdings in den ersten Jahren nach der Volljährigkeit ihrer Unterhaltspflicht, wenn sie das volljährig gewordene Kind im Haushalt versorgt.

Hat der Vater als Hausmann die traditionell als mütterlich angesehene Rolle eingenommen, ist auf ihn § 1606 Abs. 3 S. 2 anzuwenden. Die Regel gilt nicht, wenn beide Elternteile (die) Kinder betreuen: Nun sind sie beide zu Barunterhalt verpflichtet (Erwerbsobliegenheit, siehe dort).

Mutterschaft einer Unterhaltsberechtigten

Es gibt keinen Grundsatz, wonach die Eltern unter keinen Umständen mehr für ihre volljährige Tochter aufzukommen hätten, wenn sie nach Abschluß der Ausbildung durch nichteheliche Mutterschaft bedürftig wird. Sie kann unterhaltsberechtigt sein, soweit der nichteheliche Vater nicht leistungsfähig ist. Die Leistungspflicht der Eltern geht jedoch nicht über das hinaus, was der nichteheliche Vater leisten müßte, wäre er leistungsfähig (BGHZ 93, 123). Die Eltern sind auch nur insofern verpflichtet, als die Tochter keine Erwerbsmöglichkeiten hat. Sie muß sich bemühen, wenigstens halbtägig tätig zu werden und das Kind (oder die Kinder) von Verwandten, in einer Tagesheimstätte oder von dem nichtehelichen Vater betreuen zu lassen (BGH, a.a.O.). Die Tochter muß das, was sie erhält, gem. § 1603 Abs. 2 S. 1 BGB auch für ihre minderjährigen nichtehelichen Kinder verwenden, hat aber deswegen nicht einen entsprechend gesteigerten Anspruch gegen ihre eigenen Eltern (BGB, a.a.O.).

Einer volljährigen Tochter, die ihre zwei nichtehelichen Kinder (im entschiedenen Fall: Säugling und Vierjähriger) betreut, steht bei Bedürftigkeit grundsätzlich ein Unterhaltsanspruch gem. § 1601 BGB gegen ihren eigenen Vater zu, wenn sie mangels ständiger Betreuungsperson für ihre Kinder ihrer – im Verhältnis zum Ehegattenunterhaltsrecht gesteigerten – Erwerbsobliegenheit (siehe dort) nicht nachkommen kann. Lebt die Tochter mit dem nicht erwerbstätigen Erzeuger ihrer Kinder in häuslicher Gemeinschaft, dann steht dieser aufgrund einer ehegleichen Solidarität zur Kindesbetreuung zur Verfügung, so daß die Tochter nach Ablauf der Mutterschaftsfristen ihren notwendigen Lebensbedarf durch eigene Erwerbstätigkeit decken kann und nicht als unterhaltsbedürftig im Sinne von § 1602 Abs. 1 BGB anzusehen ist (OLG Bremen, FamRZ 1984, S. 84).

Eine 25-jährige Mutter von zwei nichtehelichen Kleinkindern kann ihre Kinder in einer Tagespflegestätte unterbringen oder durch dritte Personen betreuen lassen und einer Erwerbstätigkeit nachgehen, so daß sie gegenüber ihren Eltern keinen Unterhaltsanspruch hat (OLG Karlsruhe, FamRZ 1988, S. 200).

Die volljährige Mutter eines nichtehelichen Kindes hat gegenüber ihren Eltern einen Unterhaltsanspruch, soweit sie wegen der Betreuung des Kindes einer Erwerbstätigkeit nicht nachgehen kann. An diese Voraussetzung sind strenge Anforderungen zu stellen (OLG Celle, FamRZ 1984, S. 1254).

Naturalunterhalt
Im Rahmen ihres Bestimmungsrechts können sich die Eltern dafür entscheiden, dem volljährigen Kind keine Geldrente, sondern Naturalunterhalt zu gewähren (§ 1612 Abs. 2 S. 1 BGB).
Zum Naturalunterhalt gehört auch ein Taschengeld (BGH, FamRZ 1981, S. 250). Als Naturalunterhalt ist auch anzusehen, wenn die Eltern dem Kind die Wohnung stellen und ihm Geld für die Bestreitung barer Ausgaben (z.B. für Fahrten, auswärtiges Essen, Kleidung, Studiengebühren) geben (vgl. BGH, NJW 1988, S. 1974). Die kurzzeitige Aufnahme im elterlichen Haushalt, z.B. während der Ferien, ist kein Naturalunterhalt.

Solange das nichteheliche Kind minder- **Nichtehe-**
jährig ist, kann es genauso wie das eheli- **liches Kind**
che seinen Unterhaltsanspruch gegen den
nichtehelichen Vater geltend machen. In
der Praxis wird der sogenannte Regelunterhalt gem. § 1615 f. BGB verlangt, nämlich der von der Bundesregierung in einer
Verordnung (Regelunterhaltsverord-
nung) festgelegte Regelbedarf abzüglich
anzurechnender Beträge (§ 1615 g).
Nach dem 18. Geburtstag ist das
nichteheliche dem ehelichen Kind hinsichtlich des Unterhaltsanspruchs gleichgestellt (§ 1615 a). Der bedürftige bzw. in
der Ausbildung befindliche 18-jährige hat
den Verwandten-Unterhaltsanspruch gegen den Vater und gegen die Mutter oder,
wenn diese ausfallen, evtl. gegen die
Großeltern (§ 1601 BGB).

Wer die Unterhaltspflichtigen um eines **Park-**
bestimmten Berufszieles willen länger als **studium**
üblich in Anspruch nimmt (hier: Park-
studium vor Beginn des Medizinstu-
diums), muß seinerseits Rücksicht nehmen und sich mit weniger begnügen, als
er bei normaler Studiendauer erhielte
(OLG Köln, FamRZ 1981, S. 809).

Das unterhaltsberechtigte Kind muß sich
um eine zügige Durchführung und baldi-
ge Beendigung des Studiums nachhaltig
bemühen, wenn es vorher ein Parkstu-
dium betrieben hat; dazu gehört, daß sich
der Student bereits während der Warte-
zeit mit den angestrebten Fächern befaßt
(OLG Celle, FamRZ 1983, S. 641).

Pfändung Gesetzliche Unterhaltszahlungen sind grundsätzlich unpfändbar (§ 850 b Abs. 1 Nr. 2 ZPO), es sei denn, daß die Pfändung gem. Abs. 2 dieser Bestimmung ausnahmsweise zulässig und billig ist.
Siehe auch unter: Zwangsvollstreckung.

Promotion Der Anspruch auf Finanzierung einer angemessenen Berufsausbildung umfaßt die Promotion dann, wenn sie praktisch Voraussetzung für die Berufsausübung ist (vgl. MünchK und Soergel, jeweils RN 19 zu § 1610 BGB, sowie BSG, FamRZ 1983, S. 84). Eventuell ist Teilbeschäftigung zumutbar (vgl. OLG Karslruhe, FamRZ 1981, S. 72).

Prozeß- Der Kläger bzw. der Beklagte eines Unter-
kostenhilfe haltsprozesses erhält auf Antrag staatliche Prozeßkostenhilfe, wenn er die Kosten der Prozeßführung nicht, nur zum Teil oder nur in mehr als vier Raten aufbringen kann (§ 114 ZPO). Voraussetzung ist, daß die beabsichtigte Klage bzw. Verteidigung hinreichend Aussicht auf Erfolg bietet und nicht mutwillig erscheint (§ 114 ZPO). Prozeßkostenhilfe erhält nicht, wer Anspruch auf einen privatrechtlichen Prozeßkostenvorschuß hat (siehe dort).

Prozeßkosten- Im Gegensatz zur staatlichen Prozeßko-
vorschuß stenhilfe (siehe dort) geht es beim Prozeßkostenvorschuß um den Vorschuß des Unterhaltspflichtigen an den Unterhalts-

berechtigten zur Führung eines Rechts-
streits. Beim Verwandtenunterhalt gibt es
hierzu keine gesetzliche Regelung. Nach
der Rechtsprechung muß der Unterhaltspflichtige dem Unterhaltsberechtigten
Prozeßkostenvorschuß allenfalls in persönlich lebenswichtigen Angelegenheiten
leisten; hierzu gehört auch ein Unter-
haltsprozeß, selbst wenn er gegen den wegen Prozeßkostenvorschuß in Anspruch
Genommenen geht (Palandt, Erläuterung
3c zu § 1610 BGB; OLG Hamburg, FamRZ
1988, S. 706; a.A. OLG Stuttgart, FamRZ
1988, S. 758).
Das Familiengericht kann auf Antrag eine
einstweilige Anordnung treffen (§ 127 a
ZPO).

Regelbedarf

Siehe unter: Regelunterhalt. Auch das Sozialhilferecht kennt den Ausdruck. Dort
hat er aber einen anderen Inhalt.

**Regel-
unterhalt**

Das ist der Unterhalt, den der Vater eines
nichtehelichen Kindes für das Kind mindestens zahlen muß (§ 1615 f BGB). Seine
Grundlage ist ein Regelbedarf, der durch
Rechtsverordnung festgelegt wird. Das
gilt aber nur für minderjährige Kinder.
Für den Volljährigen gelten diese Besonderheiten nicht.

**Reihenfolge
der
Bedürftigen**

Siehe unter: Verhältnis zu anderen Unterhaltsberechtigten, insbesondere zu Geschwistern.

Reihenfolge der zum Unterhalt Verpflichteten

Ein unverheiratetes volljähriges eheliches Kind müßte, wenn es selbst ein leistungsfähiges Kind hätte, sich zunächst an dieses halten (§ 1606 Abs. 1 BGB). Der Fall kommt selten vor. Im Normalfall muß sich dieser Volljährige zunächst an seine Eltern wenden und, wenn diese nicht leistungsfähig sind, an seine Großeltern (§ 1606 Abs. 2, § 1601 BGB).

Ein Verheirateter hat Unterhaltsanspruch gegen seinen Ehegatten (§ 1360 S. 1 BGB). Erst dann, wenn dieser nicht leistungsfähig ist – ihm steht der sog. große Selbstbehalt zu (§ 1608 S. 2 BGB) –, kann sich das Kind an seine Eltern halten (§ 1608 S. 1). Der Sohn kann seine Eltern auch dann in Anspruch nehmen, wenn seine Frau ihre Verpflichtung, zum Unterhalt der Familie beizutragen, gem. § 1360 S. 2 durch Führung des Haushalts erfüllt.

Zum Verhältnis zwischen dem Anspruch gegen den geschiedenen und den gegenwärtigen Ehegatten siehe §§ 1581 und 1582 BGB. Der unterhaltspflichtige geschiedene Ehegatte haftet, soweit er leistungsfähig ist, vor den Verwandten (§ 1584).

Siehe auch unter: Aufteilung auf Eltern.

Rückzahlung

Zu Recht gezahlter Unterhalt muß nicht zurückgezahlt werden, wenn der Unterhaltsbezieher später zu Geld kommt. Eine Ausnahme kommt in Betracht, wenn er etwa rückwirkend eine Rente erhält.

Gewährt ein Elternteil dem volljährigen Kind Unterhalt, ohne dazu verpflichtet zu sein, so ist im Zweifel anzunehmen, daß die Absicht fehlte, von dem Kind Ersatz zu verlangen (§ 586 Abs. 2 BGB), so daß er ihn von ihm auch nicht verlangen kann (§ 685 Abs. 1 bzw. § 814 BGB).

Hat ein anderer Unterhalt geleistet, der dazu nicht verpflichtet war, z.B. Stiefvater, Tante, Bruder, kann er in der Regel selbst dann keine Rückzahlung verlangen, wenn der Leistungsempfänger wußte, daß er keinen Anspruch hatte. § 814 BGB: „Das zum Zwecke der Erfüllung einer Verbindlichkeit Geleistete kann nicht zurückgefordert werden, wenn der Leistende gewußt hat, daß er zur Leistung nicht verpflichtet war, oder wenn die Leistung einer sittlichen Pflicht oder einer auf den Anstand zu nehmenden Rücksicht entsprach."

Ob der Leistende sich am Unterhaltspflichtigen schadlos halten kann, richtet sich nach den Umständen. Hatte der Leistende keine Absicht, sich an den Unterhaltspflichtigen zu halten, hat er auch keinen Anspruch (§ 685 Abs. 1).

Das gilt ebenso für Zuvielleistungen (unter Ehegatten ist auch § 1360 b BGB einschlägig).

Scheidung

Siehe zunächst unter: Verheiratetes Kind. Das LG Mainz (MDR 1971, S. 136) hat einer geschiedenen Frau, die während der Ehe als Hausfrau tätig war, den Anspruch auf Finanzierung eines Studiums zugebilligt.

Schüler

Auch wenn Ausbildungsunterhalt nur zum Zwecke der Fortführung der Schulausbildung über die Grenze der gesetzlichen Schulpflicht hinaus begehrt wird, kann er nur verlangt werden, wenn dies insbesondere nach Begabung, Fähigkeiten und Leistungswillen des Kindes angemessen erscheint und sich in den Grenzen der wirtschaftlichen Leistungsfähigkeit der Eltern hält (OLG Hamburg, FamRZ 1986, S. 382).

Besucht ein unterhaltsberechtigtes Kind auch über den Eintritt seiner Volljährigkeit hinaus noch weiter die Schule und wird es weiterhin von seiner Mutter, in deren Haushalt es lebt, versorgt, so ist diese nicht darüber hinaus – anteilig – barunterhaltspflichtig; barunterhaltspflichtig ist in einem solchen Fall vielmehr wie gegenüber dem minderjährigen Kind allein der unterhaltsverpflichtete Vater (OLG Köln, FamRZ 1984, S. 1139). Nach Beendigung des Schulbesuchs gelten diese Grundsätze nicht mehr ohne weiteres fort, auch dann nicht, wenn das Kind eine auswärtige Universität besucht (OLG Köln, a.a.O.).

Scheitert ein volljähriger Unterhaltsberechtigter im staatlichen Schulsystem und wechselt er deshalb auf ein privates Gymnasium, so behält er nur dann seinen Unterhaltsanspruch gem. § 1610 Abs. 2 BGB, wenn besondere Umstände vorliegen, aus denen sich ergibt, daß der weitere Schulbesuch angemessen ist (OLG Frankfurt, FamRZ 1985, S. 1167).

Zur Tragweite des sog. Gegenseitigkeitsgrundsatzes gegenüber einem volljährigen Gymnasiasten: Auch Schüler sind – jedenfalls nach erlangter Volljährigkeit und Loslösung vom Elternhaus – unterhaltsrechtlich gehalten, das selbst gewählte Ausbildungsziel mit hinreichender Zielstrebigkeit anzugehen (OLG Schleswig, FamRZ 1986, S. 201).

Schulden erhöhen nicht den Bedarf des Unterhaltsberechtigten in seinem Verhältnis zum Unterhaltspflichtigen. Der Unterhaltsberechtigte kann also nicht verlangen, daß bei der Unterhaltshöhe auch berücksichtigt wird, daß er Schulden abzahlen muß.

Schulden des Unterhaltsberechtigten

Das ist ein von der Rechtsprechung gebildeter Begriff für die Berechnung desjenigen, was dem Unterhaltspflichtigen grundsätzlich verbleiben soll, damit er sich selbst unterhalten kann, also eine Art Existenzminimum des Unterhaltspflichtigen. Zu unterscheiden ist zwischen
– großem Selbstbehalt = eigenem angemessenem Unterhalt des Unterhaltspflichtigen und
– kleinem Selbstbehalt = eigenem notwendigem Unterhalt des Unterhaltspflichtigen.
Der Unterschied liegt also zwischen dem „angemessenen" und dem „notwendigen" Maß des Unterhalts.
Für die Unterhaltspflicht gegenüber Voll-

Selbstbehalt

jährigen gilt der große Selbstbehalt (§ 1603 Abs. 1 BGB), während der kleine Selbstbehalt nur gegenüber minderjährigen unverheirateten Kindern anzuwenden ist (§ 1603 Abs. 2).

Der große Selbstbehalt wird in der Gerichtspraxis bei Anwendung der Düsseldorfer Tabelle (siehe dort) nach dem Stand vom 1.1.1989 mit mindestens DM 1400,– netto angesetzt (der kleine Selbstbehalt mit mindestens DM 1000,– für den Nichterwerbstätigen und mit DM 1100,– für den Erwerbstätigen). Hinzu kommt in der Regel ein pauschaler Aufschlag für berufsbedingte Aufwendungen, der mit 5 % des Nettoeinkommens berechnet wird (mindestens DM 90,–, höchstens DM 260,–). Die Aufwendungen können nachgewiesenermaßen höher angesetzt sein, vorausgesetzt, daß sie sich eindeutig von den privaten Lebenskosten abgrenzen lassen (nicht: PKW des unselbständig Tätigen).
Das sind aber nur Richtwerte. Es müssen die Besonderheiten des Falles berücksichtigt werden. Hierbei kommen vor allem erhebliche Mietkosten in Betracht. Es wird einem Unterhaltspflichtigen nur ausnahmsweise zugemutet, eine zu teure Wohnung aufzugeben. Auch steigert sich der Selbstbehalt durch Schulden für ein angemessenes eigenes Haus und für Möbel-, Hausrats- und Autoanschaffungen (vgl. MünchK RN 23 b ff. zu § 1603).
Interessant ist auch folgende Entscheidung des OLG Stuttgart von 1984 (FamRZ 1984, S. 1251): „Gegenüber einem volljäh-

rigen unterhaltsberechtigten Kind, das bei keinem Elternteil lebt, ist jeder Elternteil im Verhältnis der Beträge zur Unterhaltsleistung heranzuziehen, um die sein für Unterhaltszwecke verfügbares Einkommen den angemessenen Mindestbedarf für berufstätige Erwachsene in Höhe von monatlich DM 1.200,- übersteigt" (inzwischen entsprechend mehr).

Solange der Selbstbehalt nicht berührt wird, hat der Unterhaltspflichtige den Unterhaltsbedarf des Berechtigten selbst dann zu befriedigen, wenn dieser Bedarf höher ist als sein eigener. Diese Situation kann z.B. bei Krankheit oder Behinderung des Berechtigten vorliegen. Auch wenn der Unterhaltspflichtige mehrere Personen unterhalten muß, kann der Fall eintreten, daß er mehr hergeben muß, als er behalten darf (BGH, FamRZ 1986, S. 48).

Der Selbstbehalt erniedrigt sich, wenn der Unterhaltspflichtige dadurch Kosten erspart, daß er mit seinem Ehegatten zusammenlebt (vgl. OLG Hamm, FamRZ 1987, S. 410) – gleichgültig, ob er diesem gegenüber zum Unterhalt verpflichtet ist oder nicht.

Das volljährige Kind ist, bevor es seine Eltern auf Unterhalt in Anspruch nehmen kann, gehalten, sich aus eigenen Mitteln zu erhalten. Nur wenn es dazu nicht in der Lage ist, fällt die Last des Unterhalts auf die Eltern. Das Kind hat nur dann einen Anspruch auf Unterhalt, wenn es sei-

Selbstverantwortung

ner Obliegenheit zur Selbsthilfe nicht
nachkommen kann (OLG Bamberg,
FamRZ 1986, S. 1028).
Siehe auch unter: Erwerbslosigkeit.

Sonderbedarf   Siehe unter: Vergangenheit.

Die Düsseldorfer Tabelle (siehe dort) umfaßt Sonderbedarf nicht.

Die anläßlich der Einrichtung einer eigenen Wohnung entstandenen Kosten stellen keinen unterhaltsrechtlich zu decken-
den Sonderbedarf eines unterhaltsberechtigten Abkömmlings (hier: einer studierenden Tochter) dar (AG Köln, FamRZ
1983, S. 829).

Steuerrechtli-   Die steuerrechtliche Bemessung des Ein-
che Bemessung kommens des Unterhaltspflichtigen ist
des Einkom- unterhaltsrechtlich unbeachtlich; allge-
mens mein sind die zu versteuernden Einkünfte des Unterhaltspflichtigen durchweg ge-
ringer als das Einkommen, nach dem sich
der Unterhalt bemißt (BGH, FamRZ 1986,
S. 48).
Siehe auch unter: Leistungsfähigkeit.

Steuer-   Der Steuervorteil aus einer neuen Ehe des
vorteil Unterhaltspflichtigen (sog. Splittingvor-
teil) kommt auch den unterhaltsbe-
rechtigten Kindern aus früherer Ehe zugute (BGH, FamRZ 1986, S. 798).

Siehe unter: Ausbildungsförderung. **Stipendien**

Auch bei einem auswärts studierenden **Student /** volljährigen Kind wird der Unterhaltsbe- **Studierender** darf von der Lebensstellung seiner Eltern abgeleitet, ist also nicht verobjektiviert nach den BAföG-Höchstsätzen auszurichten (OLG Frankfurt, FamRZ 1987, S. 1179; BGH, FamRZ 1987, S. 58).

Der angemessene Gesamtunterhaltsbedarf eines Studierenden, der nicht bei seinen Eltern oder einem Elternteil wohnt, beträgt in der Regel monatlich DM 850, – (Düsseldorfer Tabelle, Abschnitt A, Anm. 7). Nach den Leitlinien des OLG München, Stand 1.1.1988, Abschnitt II, Nr. 7 (NJW 1988, S. 2356; Thieler/Thieler, Unterhalt von A – Z, 1988, Seite 28) gelten bei Studenten DM 850, – als Regelbedarfssatz, wenn der Volljährige einen eigenen Hausstand hat oder zwar bei einem Elternteil wohnt, aber beide Eltern barunterhaltspflichtig sind (DM 725, – , wenn er bei einem nicht barunterhaltspflichtigen Elternteil wohnt – der sog. Wohnvorteil wird recht unrealistisch mit DM 125, – bewertet).

Der früher in der Düsseldorfer Tabelle (siehe dort) vorgesehene Gesamtunterhaltsbedarf eines Studenten mit eigener Wohnung in Höhe von DM 800, – monatlich umfaßte die regelmäßig anfallenden Ausbildungskosten. Der im Laufe des Studiums schwankende Ausbildungsaufwand rechtfertigt grundsätzlich keine Kürzung oder Anhebung des Durchschnittsbedarfssatzes (OLG Düsseldorf, FamRZ 1986, S. 1242; 1987, S. 1181). Ab

1. 1. 1989 muß das genauso bei der neuen Höhe von DM 850, – gelten.

Ein unterhaltsberechtigter Student braucht nicht einen Teil seines Unterhalts selbst durch eine Nebenbeschäftigung zu verdienen. Seine Arbeitskraft ist durch sein Studium voll ausgelastet (OLG Hamburg, FamRZ 1981, S. 1098).

Ein im Studium befindliches Kind hat in der Regel auch dann, wenn seine Eltern in besonders günstigen wirtschaftlichen Verhältnissen leben, keinen Anspruch auf einen Unterhaltsbetrag, der den doppelten BAföG-Satz übersteigt (OLG Karlsruhe, FamRZ 1981, S. 1195).

**Studien-
dauer**

Das Studium muß zügig betrieben werden (MünchK und Soergel, jeweils RN 19 zu § 1610 BGB), allerdings nicht in Mindestdauer (Palandt, Erläuterung 4 a, dd zu § 1610; LG Mönchengladbach, FamRZ 1981, S. 148).

In der Regel endet der Unterhaltsanspruch mit Ablauf der sich aus der Förderungshöchstdauer ergebenden Regelstudienzeit in der jeweiligen Fachrichtung. Unterhaltsbedürftigkeit ist längstens für zwei anschließende Examenssemester anzuerkennen; jedoch muß das volljährige Kind dann primär seinen eigenen Vermögensstamm zur Deckung des Unterhaltsbedarfs verwenden (OLG Hamm, FamRZ 1982, S. 1099).

Das OVG Münster (NJW 1988, S. 2058) stellte fest: „Vertritt man die Auffassung – das Gericht läßt dies offen –, daß Eltern grundsätzlich zur Finanzierung von

zwei Ausbildungen verpflichtet sind, wenn der angestrebte (neigungsgerechte) Beruf dies voraussetzt, so muß andererseits eine solche über das übliche Maß hinausgehende Unterhaltpflicht im Interesse der Unterhaltsverpflichteten auf das unbedingt Erforderliche begrenzt werden. Dies bedeutet zum einen, daß die Ausbildungen, soweit möglich, danach ausgewählt werden müssen, ob sie in kürzester Zeit auf das angestrebte Berufsziel hinführen. Zum anderen sind die gewählten Ausbildungen in kürzestmöglicher Zeit zu absolvieren; eine Beendigung innerhalb angemessener und üblicher Dauer reicht nicht aus."
Siehe auch unter: Vernachlässigung der Ausbildung.

Von einem volljährigen Kind, das mit Zustimmung des Barunterhaltpflichtigen ein Studium aufgenommen hat, ist zu erwarten, daß es sich bei einem Studienabbruch oder bei einer Studienunterbrechung mit späterer Fortführung in anderen Fächern oder anderer Fachrichtung mit dem Unterhaltpflichtigen berät (OLG Frankfurt, FamRZ 1984, S. 193). **Studien-wechsel**

Bestehen Zweifel daran, daß ein Kind die für ein Studium erforderliche Begabung besitzt, so kann bei hervorragenden wirtschaftlichen Verhältnissen eines Elternteils gleichwohl ein Anspruch auf Bezahlung des Studiums gerechtfertigt sein (OLG Düsseldorf, FamRZ 1981, S. 702). **Studium**

Taschengeld
Ein volljähriges Kind, das Naturalunterhalt erhält, hat Anspruch auf ein angemessenes Taschengeld. Maßgeblich sind die konkreten Verhältnisse, der Bedarf des Kindes, auch seine Nebenverdienstmöglichkeiten und die Leistungsfähigkeit des Unterhaltspflichtigen. Lehnt das Kind es ab, den Naturalunterhalt zu empfangen, braucht das Taschengeld nicht gezahlt zu werden (BGH, FamRZ 1981, S. 250). Erhält das Kind eine Geldrente, ist der Taschengeldbedarf damit abgedeckt.

Überlegungsfrist nach dem Abitur
Ein Abiturient muß nicht sofort mit dem Studium oder einer anderen beruflichen Ausbildung beginnen. Eine angemessene Überlegungsfrist muß ihm zugestanden werden (KG, FamRZ 1985, S. 962: Ein Zeitraum von zwei bis drei Monaten sei noch angemessen). Für diese Zeit besteht für den Abiturienten keine Erwerbsobliegenheit (KG, a.a.O.).

Unschlüssigkeit des Kindes
Das OLG Hamburg (FamRZ 1983, S. 523) traf hierzu folgende Entscheidung:
„1. Der nach einer 10 1/2-monatigen Orientierungsphase vollzogene Wechsel des Ausbildungsziels mangels Neigung zum zunächst angestrebten Beruf ist einem Minderjährigen auf Kosten des Unterhaltsschuldners zuzubilligen, wenn das neue Berufsziel hinreichend konkretisiert ist und dem Leistungswillen sowie den Fähigkeiten und Neigungen des Kindes entspricht.

2. Die Unsicherheit, ob das Kind nach Beendigung des Schulbesuchs künftig einen
Arbeitsplatz oder eine Lehrstelle wird finden können, rechtfertigt es nicht, den Unterhaltsbedürftigen so zu behandeln, als
verdiene er wie vor dem Wechsel des Ausbildungsziels weiterhin seinen Lebensunterhalt als Auszubildender ganz oder teilweise selbst.
3. Fehlverhaltensweisen eines Minderjährigen, die seine wirtschaftliche Selbstän-
digkeit hinauszögern, beeinträchtigen
den Unterhaltsanspruch eines in der Berufsausbildung befindlichen Kindes entsprechend dem aus § 1611 Abs. 2 BGB ab-
leitbaren Rechtsgedanken auch dann
nicht, wenn sie sich erst im Zeitpunkt der
Volljährigkeit im Sinne fortbestehenden
Unterhaltsbedarfs auswirken."
Was hier für einen Minderjährigen entschieden wurde, muß eigentlich auch für
einen Volljährigen zutreffen.

Zum eigenen Unterhalt des Unterhalts-   **Unterhalt**
pflichtigen siehe unter: Selbstbehalt.

Siehe unter: Bestimmungsrecht der El-   **Unterhalts-**
tern.   **bestimmung**

Die Höhe des vom Unterhaltpflichtigen   **Unterhalts-**
zu zahlenden Unterhalts richtet sich zu-   **höhe**
nächst nach dem Bedarf des Unterhaltsberechtigten (der von den Gerichten meist
in der Form eines Regelbedarfssatzes ermittelt wird, siehe unter: Düsseldorfer

Tabelle) und dann nach der Leistungsfähigkeit des Unterhaltspflichtigen. Die im folgenden zitierten Entscheidungen müssen inzwischen nach oben korrigiert werden.

Zum Unterhaltsbedarf eines 18 bis 19 Jahre alten Kindes: Mit DM 720, – ist der Bedarf eines jugendlichen Lehrlings voll gedeckt (OLG Zweibrücken, FamRZ 1985, S. 92).

Nach einem Urteil des KG (FamRZ 1985, S. 962) beträgt der Unterhaltsbedarf eines volljährigen, in der Ausbildung befindlichen Kindes ab 1.1.1985 monatlich DM 850, –. Das OLG Hamburg (FamRZ 1985, S. 960) geht von DM 840, – aus. In der Düsseldorfer Tabelle (Abschnitt A Anm. 7) sind DM 850, – ausgewiesen. Das OLG München (Stand 1.1.1988, siehe unter: Student/Studierender) nimmt bei einem Studenten, der einen eigenen Hausstand hat, einen Regelbedarf von DM 850, – an (Schüler und Auszubildender DM 700, –). Lebt er bei einem Elternteil und ist dieser nicht barunterhaltspflichtig, zieht dieses Gericht jeweils DM 125, – als Wohnvorteil ab. Es fügt hinzu: „In den Bedarfssätzen sind bei Schülern und Studenten anfallende Ausbildungskosten bereits enthalten. Außergewöhnlich hohe ausbildungsbedingte Unkosten sind im Einzelfall gegen Nachweis zu berücksichtigen."

Letztlich sind aber nicht diese Durchschnittssätze maßgeblich, sondern die Lebensstellung des Unterhaltsberechtigten; nach ihr richtet sich der angemessene Unterhalt (§ 1610 Abs. 1 BGB; OLG Frankfurt, FamRZ 1987, S. 1179). Zu beachten ist, daß es auch auf die Leistungsfähigkeit des oder der Unterhaltspflichtigen ankommt.

Nach Auffassung des OLG Hamm (FamRZ 1987, S. 411) bestimmt sich der Unterhaltsbedarf eines gerade volljährig gewordenen Schülers oder Auszubildenden, der im Haushalt eines Elternteils lebt, nach den für Minderjährige geltenden Grundsätzen, weil sich in den Lebensverhältnissen eines solchen Kindes durch den Eintritt der Volljährigkeit praktisch nichts geändert habe (ebenso OLG München, a.a.O., Nr. II 7 f.).

Erhält der Unterhaltsberechtigte nicht von dem, den er in Anspruch nimmt, sondern von einem anderen Leistungen zu seinem Unterhalt, muß er sich dann diese Leistungen anrechnen lassen (mit der Folge einer Verminderung seines Bedarfs), wenn

– die Leistungen von einem Unterhaltspflichtigen kommen, der in der Reihenfolge der Unterhaltspflichtigen Vorrang hat, oder

– die Leistungen von dem anderen, gleichrangig verpflichteten Elternteil kommen (Anrechnung nach dem Verhältnis der Leistungsfähigkeit der Eltern – siehe unter: Aufteilung zwischen Eltern, siehe unter: Selbstbehalt) oder

– die Leistung von einem nachrangig Verpflichteten oder einem Dritten stammt und diese damit auch den (vorrangig)

**Unterhalts-
leistungen
Dritter**

Verpflichteten entlasten wollen (vgl.
MünchK RN 12 a ff. zu § 1602).

Erhält der Unterhaltsberechtigte Versi-
cherungsleistungen privater Versiche-
rungen oder Schadensrenten, zählt dies
als sein Einkommen und mindert seinen
Bedarf. Dasselbe gilt von Versicherungs-
leistungen öffentlich-rechtlicher Einrichtungen, Berufsunfall- und Invalidenren-
ten, Kranken- und Arbeitslosengeld (anders bei Arbeitslosenhilfe), Leistungen
aufgrund des Bundesversorgungsgeset-
zes, des Unterhaltssicherungsgesetzes
u.a. (vgl. MünchK RN 15 ff. zu § 1602).
Nicht als Einkommen zählen solche Leistungen, die dazu führen, daß der Unterhaltsanspruch an den Leistenden übergeht – so die Sozialhilfe und die Arbeitslosenhilfe. Ausbildungsdarlehen nach
dem BAföG sind in ihren Konditionen so
günstig, daß es auch dem Kind leistungs-
fähiger Eltern zuzumuten ist, sie in Anspruch zu nehmen, so daß die Eltern dadurch entlastet werden (BGH, FamRZ
1985, S. 916; KG, FamRZ 1985, S. 962).
Kindergeld steht nicht dem Kind zu, sondern demjenigen, der es unterhält.

Unterhalts-
pflichtiger
Ein Anspruch auf Unterhalt kann sich
nur gegen einen Verwandten in gerader
Linie (§ 1601 BGB), gegen den Ehegatten
(§§ 1316 bis 1361) oder gegen einen geschiedenen Ehegatten (§ 1569) richten.

Der Bedarf des Unterhaltsberechtigten erhöht sich nicht dadurch, daß er selbst Unterhaltsverpflichtungen hat. Andernfalls würde man zu einer mittelbaren Unterhaltsgewährung an nicht Unterhaltsberechtigte kommen (BGHZ 93, 123).

Unterhaltsverpflichtungen des Bedürftigen

Eine Verpflichtung zur Finanzierung einer weiteren Ausbildung kann sich auch aus einer Unterhaltszusage oder einer vorbehaltlosen tatsächlichen Gewährung von Unterhaltsleistungen ergeben.

Unterhaltszusage

Das nichteheliche Kind kann von seinem Vater Unterhaltsbeträge, die fällig geworden sind, bevor die Vaterschaft anerkannt oder rechtskräftig festgestellt war, auch für die Vergangenheit verlangen (§ 1615 d BGB).
Im übrigen gilt jedoch der Grundsatz, daß man für die Vergangenheit keinen Unterhalt verlangen kann (§ 1613 Abs. 1). Davon gibt es nach dieser Bestimmung Ausnahmen:

Vergangenheit

– Der Unterhaltsverpflichtete war in Verzug, d.h. er war gemahnt worden (§ 284 Abs. 1 BGB; siehe unter: Mahnung), oder er hatte eindeutig und endgültig den Unterhalt verweigert (BGH, NJW 1983, S. 2198), oder der für ihn nach dem Kalender bestimmte Termin ist überschritten (§ 284 Abs. 2 S. 1), oder
– der Unterhaltsanspruch war rechtshängig, d.h. bei Gericht geltend gemacht worden.

Der Unterhaltsberechtigte kann die ausstehenden Zahlungen und als Verzugsschulden mindestens 4 % Zinsen (bei Nachweis von Kreditaufnahme höhere) verlangen (§ 288 BGB).

Hat sich der Unterhaltspflichtige in einer gegen die guten Sitten verstoßenden Weise der Unterhaltsleistung entzogen, kann ein Anspruch aus unerlaubter Handlung gem. § 826 BGB bestehen (Gernhuber S. 620).

Ein Anspruch besteht auch wegen eines sog. Sonderbedarfs (§ 1613 Abs. 2 BGB). Das ist ein unregelmäßiger, außergewöhnlich hoher Bedarf, etwa wegen Operation, Umzugs, Nachhilfestunden, notwendiger Heimunterbringung (vgl. MünchK RN 9, Soergel RN 10, jeweils zu § 1613), nicht z.B. wegen Einrichtung einer eigenen Studentenwohnung (OLG Köln, FamRZ 1983, S. 830). Der Anspruch muß innerhalb eines Jahres geltend gemacht werden, wenn nicht der Verpflichtete vorher in Verzug geraten oder der Anspruch rechtshängig geworden ist (§ 1613 Abs. 2 S. 2).

Verhältnis zu anderen Unterhaltsberechtigten, insbesondere zu Geschwistern

Kann der Unterhaltspflichtige die Unterhaltsansprüche aller Unterhaltsberechtigten erfüllen, ergeben sich keine Probleme. Ist jedoch der Unterhaltspflichtige außerstande, alle Unterhaltsberechtigten zu befriedigen, stellt sich das Problem des Verhältnisses der Ansprüche zueinander, also das Problem der Reihenfolge.

Aus § 1609 BGB ergibt sich folgende Reihen- oder Rangfolge der Unterhaltsberechtigten:

1. Rang: Minderjährige unverheiratete Kinder, Ehegatte und geschiedener Ehegatte.
2. Rang: Minderjährige verheiratete Kinder und volljährige Kinder.
3. bis 6. Rang: Enkel, Eltern usw.

Für den jeweils nachfolgenden Rang besteht kein Anspruch, wenn die Mittel durch den Selbstbehalt (siehe dort) und den Unterhalt des vorangehenden Ranges aufgezehrt sind. Das volljährige Kind kann also nichts verlangen, wenn den Eltern durch die Unterhaltung seiner minderjährigen Geschwister und durch den angemessenen eigenen Unterhalt der Eltern (großer Selbstbehalt, siehe dort) nichts übrig bleibt. (Besteht noch ein Urteil, das die Volljährigkeit nicht berücksichtigt, können die Eltern eine Änderung durch Abänderungsklage, § 323 ZPO erreichen). Ein volljähriges behindertes Kind wird nicht etwa einem minderjährigen Kind gleichgestellt (BGH, FamRZ 1984, S. 683; 1987, S. 472). Durch die Volljährigkeit kann somit der Unterhaltsanspruch verlorengehen oder sich vermindern. Demgegenüber kann sich das volljährige Kind nicht darauf berufen, daß es noch mitten in der Ausbildung steht (OLG Hamm, FamRZ 1987, S. 410; MünchK RN 29 und 29 a zu § 1603 und RN 4 zu § 1609 BGB). Höchstens könnte die Beurteilung dessen, was als Selbstbehalt, nämlich als eigener Unterhaltsbedarf, als angemessen anzusehen ist, strengeren Maßstäben unterworfen sein (BGH, FamRZ 1985, S. 912, S. 916).

Im Notfall muß man sich um staatliche Ausbildungsförderung bemühen. Das gleiche gilt, wenn der Unterhaltspflichtige durch eine Heirat neuen Unterhaltslasten unterworfen wird; eine Ehefrau kann sich in der Regel auf die Haushaltsführung beschränken (§ 1360 S. 2 BGB) und braucht nicht nur deshalb erwerbstätig zu werden, damit der Ehemann imstande ist, ein volljähriges Kind zu unterhalten (OLG Düsseldorf, FamRZ 1986, S. 1027). In der neuen Ehe kann sich der Vater auf eine Hausmannsrolle beschränken (BGH, FamRZ 1987, S. 472).

Eltern können bei ihrer Scheidung ausdrücklich oder stillschweigend vereinbart haben, daß dem Anspruch des Ehegatten die Ausbildung des gemeinsamen volljährigen Kindes vorgehen soll (OLG Frankfurt, FamRZ 1984, S. 176).

Muß der Unterhaltspflichtige für den Unterhalt mehrerer Volljähriger aufkommen, ohne daß er eines jeden Unterhalt zahlen kann, müssen sich die Unterhaltsberechtigten in das teilen, was er geben kann. Die Aufteilung geschieht nicht nach gleichen Anteilen, sondern entsprechend ihrem jeweiligen Lebensbedarf. Einem Studenten kann also mehr zustehen als einem Bruder, der Auszubildender ist.

Verheiratetes Kind

Wer verheiratet ist, muß sich, wenn er unterhaltsbedürftig ist, zunächst an seinen Ehegatten halten (§ 1360 BGB). Das gilt auch für die Ausbildung (BGH, NJW 1985, S. 803). Erst wenn der Ehegatte leistungsunfähig ist, kann das verheiratete

Kind einen Anspruch gegen die Eltern haben (§ 1608 BGB). Und zwar kommt es darauf an, ob „der Ehegatte bei Berücksichtigung seiner sonstigen Verpflichtungen außerstande ist, ohne Gefährdung seines angemessenen Unterhalts" dem Unterhaltsberechtigten Unterhalt zu gewähren (§ 1608 S. 2).

Nach der Scheidung lebt der Unterhaltsanspruch gegen die Eltern nicht wieder auf. Vorrangig ist ein Anspruch gegen den geschiedenen Ehegatten (§ 1584 BGB). Besteht ein solcher Anspruch nicht oder ist er nicht durchsetzbar, kann ein Unterhaltsanspruch gegen die Eltern (oder Großeltern) gegeben sein.

Verjährung

Soweit der Unterhaltspflichtige nicht in Verzug geraten ist, also ein Rückstand vorliegt, kommt Verjährung in Betracht in den Ausnahmefällen, in denen ein Unterhalt in der Vergangenheit geschuldet wird.

Rückstände verjähren in vier Jahren (§ 197 BGB). Die Verjährung beginnt mit dem Ende des Jahres, in dem der Anspruch entsteht (§ 201). Solange der Unterhaltsberechtigte minderjährig war, konnte die Verjährung gegenüber seinen Eltern gemäß § 204 nicht beginnen. Stundung hemmt (§ 202), Anerkennung unterbricht die Verjährung (§ 208).

Auch die Verjährung von Ansprüchen zwischen dem Kind und seinem nichtehelichen Vater ist während der Minderjährigkeit des Kindes gehemmt (BGH, FamRZ 1980, S. 560).

Vermögen des Unterhaltsberechtigten

Wer volljährig ist, muß sein eigenes Vermögen weitgehend aufzehren, bevor er als bedürftig angesehen wird. Er muß sein Vermögen durch Verkauf oder Beleihung verwerten.

Ausnahmen werden anerkannt. Es wird dem Unterhaltsberechtigten nicht zugemutet, sich von Gegenständen zu trennen, die er für sein Leben braucht. Auch kleinere Sparguthaben sowie ein „Notgroschen" brauchen nicht in jedem Fall angegriffen zu werden (MünchK RN 8 zu § 1602).

Der Unterhaltsberechtigte ist gehalten, sein Vermögen möglichst ertragreich anzulegen. Forderungen muß er einziehen, Geschenke gemäß § 528 BGB zurückfordern.

Vermögen des Unterhaltspflichtigen

Muß der Unterhaltspflichtige sein Vermögen angreifen? Der BGH (FamRZ 1986, S. 48) sagt: „In Ermangelung sonstiger Mittel hat ein Unterhaltspflichtiger grundsätzlich auch den Stamm seines Vermögens zur Bestreitung des Unterhalts einzusetzen. Eine allgemeine Billigkeitsgrenze, wie es insoweit etwa für den Unterhalt zwischen geschiedenen Ehegatten gilt, sieht das Gesetz beim Unterhalt zwischen Verwandten gerader Linie nicht vor. Danach entfällt die Unterhaltspflicht erst, wenn der Berechtigte bei Berücksichtigung seiner sonstigen Verpflichtungen außerstande ist, ohne Gefährdung seines angemessenen Unterhalts den Unterhalt zu gewähren. Außerstande zur Unterhaltsgewährung ist jedoch nicht, wer über verwertbares Vermögen verfügt. Eine Verwertung des Vermögensstammes kann nicht verlangt werden, wenn sie den Unterhaltspflichtigen von fortlaufenden Einkünften abschneiden würde, die er zur Erfüllung weiterer Unterhaltsansprüche oder anderer berücksichtigungswürdiger Verbindlichkeiten oder zur Bestreitung seines eigenen Unterhalts benötigt. Auch die Verwertung, jedenfalls die Veräußerung, eines nach den übrigen Verhältnissen der Familie angemessenen Familieneigenheims wird im allgemeinen nicht verlangt werden können, weil es ebenfalls der Befriedigung des Unterhaltsbedarfs des Schuldners selbst und gegebenenfalls weiterer Familienangehöriger dient und zugleich Mietaufwendungen spart. Allgemein braucht der Unterhaltsschuldner den Stamm seines Vermögens nicht zu verwerten, wenn dies für ihn mit einem wirtschaftlich nicht mehr vertretbaren Nachteil verbunden wäre; denn auch das wäre mit der nach dem Gesetz gebotenen Berücksichtigung der ansonsten zu erfüllenden Verbindlichkeiten nicht zu vereinbaren und müßte letztlich den eigenen angemessenen Unterhaltsbedarf des Verpflichteten in Mitleidenschaft ziehen."

Ein Ferienhaus muß grundsätzlich verwertet werden, selbst wenn dem Verpflichteten nur ein Anteil daran gehört. Den Anteil kann er notfalls beleihen, oder er kann die Auseinandersetzungsversteigerung betreiben.

Vernachlässigung der Ausbildung

Ein in Ausbildung stehender Unterhaltsberechtigter ist im Verhältnis zum Unterhaltsverpflichteten gehalten, seine Ausbildung mit dem gehörigen Fleiß und der gebotenen Zielstrebigkeit zu betreiben, damit er die Ausbildung innerhalb angemessener und üblicher Dauer beenden kann. Ein Student hat grundsätzlich den für seinen Studiengang maßgeblichen Studienplan einzuhalten, wobei ihm lediglich ein gewisser Spielraum für einen eigenverantwortlichen Aufbau des Studiums zuzugestehen ist (BGH, NJW 1984, S. 1961)

Daß der Unterhaltsverpflichtete ein „Bummelstudium" nicht zu finanzieren braucht, ergibt sich daraus, daß Unterhaltsleistungen nach § 1610 Abs. 2 BGB zweckgebunden sind und nur insoweit geschuldet werden, als sie für eine angemessene Vorbildung zu einem Beruf erforderlich sind. Zwar hat der Unterhaltsverpflichtete nach Treu und Glauben (§ 242 BGB) Verzögerungen hinzunehmen, die auf ein vorübergehendes leichteres Versagen des Studenten zurückzuführen sind, zumal auch Krankheit oder sonstige zwingende Umstände eine vorübergehende Unterbrechung des Studiums bedingen können. Wenn der Student aber nachhaltig seine Obliegenheit verletzt, dem Studium pflichtbewußt und zielstrebig nachzugehen, büßt er den Unterhaltsanspruch nach § 1610 Abs. 2 ein und muß sich darauf verweisen lassen, seinen Lebensbedarf durch Erwerbstätigkeit selbst zu verdienen (BGH, FamRZ 1987, S. 470).

Der Unterhaltsanspruch nach § 1610 Abs. 2 setzt bei einem Studium voraus, daß der Berechtigte das Studium tatsächlich betreibt. Dazu gehört, daß er den wesentlichen Teil der lehrplanmäßigen Studienveranstaltungen besucht und sich mit der Studienmaterie ernsthaft beschäftigt (OLG Köln, FamRZ 1986, S. 382).

Verwirkung

Wer seinen Unterhaltsanspruch lange nicht geltend macht, verwirkt ihn nicht für die Zukunft. Der Unterhaltspflichtige kann also nicht darauf vertrauen, daß er nie in Anspruch genommen wird (MünchK RN 3 zu § 1611 BGB). Nur der Anspruch für die Vergangenheit kann nicht geltend gemacht werden (§ 1613 Abs. 1), wenn nicht der Sonderfall des § 1613 Abs. 2 vorliegt.

Fälle teilweiser oder im Extrem gänzlicher Verwirkung behandelt § 1611 Abs. 1: „Ist der Unterhaltsberechtigte durch sein sittliches Verschulden bedürftig geworden, hat er seine eigene Unterhaltspflicht gegenüber dem Unterhaltspflichtigen gröblich vernachlässigt oder sich vorsätzlich einer schweren Verfehlung gegen den Unterhaltspflichtigen oder einen nahen Angehörigen des Unterhaltspflichtigen schuldig gemacht, so braucht der Verpflichtete nur einen Beitrag zum Unterhalt in der Höhe zu leisten, die der Billigkeit entspricht. Die Verpflichtung fällt ganz weg, wenn die Inanspruchnahme des Verpflichteten grob unbillig wäre."

Für den jungen Menschen spielen die erste und die dritte Alternative des ersten Satzes eine Rolle:

– Die Bedürftigkeit ist durch sittlich vorwerfbares Selbstverschulden des volljährigen Bedürftigen verursacht (einmaliger Leichtsinn genügt also nicht). Beispiele: Trunk-, Rauschgiftsucht, Verschwendung. Ausnahmsweise kann auch die (nichteheliche) Mutterschaft dazu zählen, wenn es die Tochter darauf anlegt, dadurch bedürftig zu werden (BGHZ 92, 123).

– Der Bedürftige hat sich vorsätzlich einer schweren Verfehlung gegenüber dem Unterhaltspflichtigen oder einem nahen Angehörigen desselben schuldig gemacht.

Nur solche Handlungen muß sich das Kind anrechnen lassen, die es als Volljähriger begangen hat (BGH, FamRZ 1988, S. 159). Verzeihung kann der Verwirkung entgegenstehen (MünchK RN 10 zu § 1611 BGB).

Leistet der Unterhaltspflichtige aufgrund eines gerichtlichen Titels und will er Verwirkung geltend machen, muß er Vollstreckungsgegenklage erheben (das ist freilich umstritten, vgl. MünchK RN 16 zu § 1611).

Wer wegen Verwirkung weniger oder nichts erhält, kann sich deswegen nicht an anderen Unterhaltspflichtigen schadlos halten (§ 1611 Abs. 3).

Verzicht

Auf den gesetzlichen Unterhaltsanspruch kann das eheliche Kind für die Zukunft nicht verzichten (§ 1614 Abs. 1 BGB), auch nicht teilweise. Wegen der Ungewiß-

heit der Unterhaltshöhe kann man freilich durch Vertrag die Höhe des Unterhalts regeln, wenn man sich dabei im
Rahmen des angemessenen Unterhalts
(§ 1610 Abs. 1 BGB) hält.

Bei einer vertraglichen Regelung des Kindesunterhalts ist im Falle einer Unterschreitung des geschuldeten (an den Sät-
zen der Düsseldorfer Tabelle orientierten)
Kindesunterhalts um 1/5 zu prüfen, ob
nicht ein gegen § 1614 verstoßender Verzicht vorliegt. Ab einer Unterschreitung
um 1/3 wird ein Verstoß gegen § 1614 im
Regelfall zu bejahen sein (OLG Köln,
FamRZ 1983, S. 750).

Das nichteheliche Kind kann gegenüber
dem Vater sowie dessen Verwandten gegen eine Abfindung verzichten (§ 1615 e
Abs. 1). Allein aus der Tatsache, daß das
nichteheliche Kind längere Zeit keinen
Unterhaltsanspruch geltend gemacht hat,
ist noch kein Verzicht abzuleiten; es
kommt nämlich darauf an, ob das Kind
den Verzichtwillen hatte (BGH, FamRZ
1981, S. 763).

Außerhalb des Verwandtenunterhalts:
Geschiedene Eheleute können gemäß
§ 1585 c BGB gegenseitig Verzicht leisten.

Siehe unter: Vergangenheit.   **Verzug**

Grundsätzlich hat auch der Volljährige   **Volljährigkeit**
Unterhaltsansprüche gegen seine Eltern.
Die Höhe des Anspruchs kann mit den
Jahren wachsen, weil sich das Maß des
Unterhalts nach der Lebensstellung des

Bedürftigen bestimmt (§ 1610 Abs. 1 BGB). Andererseits richtet sich die Lebensstellung des Volljährigen zunehmend nach seinen eigenen Verhältnissen und nicht mehr nach denen seiner Eltern, so daß sich dadurch eine Verminderung des Unterhaltsanspruchs ergeben kann (BGH, FamRZ 1986, S. 151). Grundsätzlich kann der gesunde Volljährige Bedürftigkeit nur geltend machen, solange er sich in der Schul- und Berufsausbildung befindet; im übrigen muß er so gut wie jede Arbeit annehmen. Dem Volljährigen gehen seine minderjährigen Geschwister und der Ehegatte bzw. geschiedene Ehegatte des Unterhaltspflichtigen vor. Gegenüber dem Volljährigen braucht sich der Unterhaltspflichtige nicht auf seinen eigenen notwendigen Lebensbedarf (sog. kleiner Selbstbehalt) zu beschränken, sondern kann seinen eigenen angemessenen Unterhalt (großen Selbstbehalt, siehe dort) geltend machen (§ 1603 Abs. 1 BGB). In dem seltenen Fall, daß das Kind eigenes Vermögen hat, muß es während der Minderjährigkeit nur dessen Erträge einsetzen (§ 1602 Abs. 2), während der Volljährige auch die Substanz angreifen muß und erst bedürftig ist, wenn das Vermögen aufgezehrt ist (Besonderheiten gelten bei einem Eigenheim).

**Voraus-
leistung**

Ist der Unterhalt in Geld zu leisten, so muß monatlich im voraus (am Monatsersten) gezahlt werden (§ 1612 Abs. 3 S. 1 BGB). Das ist die Regel. Eltern können aber aufgrund ihres Bestimmungsrechts auch gegenüber ihren volljährigen Kindern andere Zeitabschnitte im voraus (z.B. wöchentlich oder vierteljährlich) und andere Fälligkeitstermine (z.B. zum jeweiligen 10. eines Monats) bestimmen (§ 1612 Abs. 2 S. 1). Der Volljährige kann dagegen das Vormundschaftsgericht anrufen, das die Bestimmung der Eltern aus besonderen Gründen ändern kann (§ 1612 Abs. 2 S. 2).

Wer für einen zu langen Zeitabschnitt vorausleistet, riskiert, daß er nochmals zahlen muß. Gilt die Regel der monatlichen Vorausleistung, so kann der Unterhaltsverpflichtete nur für drei Monate im voraus vollständig befreiend zahlen; im übrigen muß er noch einmal zahlen, wenn der Unterhaltsberechtigte inzwischen wieder bedürftig wird (§ 1614 Abs. 2). Haben die Eltern(oder der Elternteil) von ihrem Recht Gebrauch gemacht, von der Regel abzuweichen, so werden sie für einen den Umständen nach angemessenen Zeitabschnitt befreit (§ 1614 Abs. 2).

Waisenrente

Der BGH (FamRZ 1980, S. 1109) hat entschieden:

1. Bei der Bemessung des Unterhalts für ein eheliches Kind ist dessen Waisenrente als sein Einkommen zu berücksichtigen.

2. Die Vorschrift des § 1615g Abs. 3 BGB, wonach dem nichtehelichen Kind zustehende Waisenrenten nicht auf den Regelbedarf anzurechnen sind, ist auf den Unterhaltsanspruch eines ehelichen Kindes nicht entsprechend anzuwenden; beim

ehelichen Kind mindert also die Waisenrente dessen Unterhaltsbedürftigkeit.
3. Durch eine dem Kind nach dem Tode eines Stiefelternteils gewährte Waisenrente
werden die Eltern von ihrer Unterhaltspflicht im Verhältnis ihrer Haftungsan-
teile entlastet.

Wehrdienst

Für die Zeit des Wehr- bzw. Zivildienstes
ist der Unterhaltsbedarf des Dienstlei-
stenden generell durch den Staat festgesetzt und durch dessen Versorgungslei-
stungen insgesamt abgedeckt. Ein Unter-
halts- oder Unterhaltsergänzungsan-
spruch gegen die Eltern besteht somit
nicht.

Es spielt keine Rolle, ob der Sohn vorher
einen höheren Lebensstandard hatte, sagt
das AG Bottrop (FamRZ 1986, S. 1029;
ebenso OLG Bamberg, FamRZ 1987,
S. 1071 für den Sohn, dessen Ausbildung
abgeschlossen war).
Anderer Ansicht war das OLG Hamm
(FamRZ 1986, S. 832): „Ob ein Unterhaltsberechtigter während dieser Zeit noch unterhaltsbedürftig ist, richtet sich nach
den konkreten Verhältnissen des Einzelfalls. Wer als Unterhaltsabhängiger –
falls er nicht die Wehrpflicht ableisten
würde – Anspruch auf gehobene Unter-
haltszuwendungen hätte, braucht sich
nicht darauf verweisen zu lassen, sich
für seine Lebensbedürfnisse mit den Leistungen der Bundeswehr, die nach Art
und Umfang an eher durchschnittlichen
Maßstäben orientiert sind, zu begnügen."

(Ebenso OLG Bamberg, FamRZ 1987, S. 1071 für einen Volljährigen, der seine Ausbildung noch nicht abgeschlossen hat.) Ähnlich ist wohl auch das OLG Karlsruhe (FamRZ 1986, S. 830) zu verstehen, das im übrigen keinen Anspruch des zum Wehrdienst eingezogenen Sohnes auf ein Zimmer für die Wochenenden anerkannt hat.

Nach Meinung des OLG Bamberg (a.a.O.) kann der Wehrpflichtige von seinen Eltern nicht die PKW-Kosten für Wochenendfahrten verlangen, weil ihm der Bund die Fahrten mit Bahn oder Bus bezahlt.

Wenn der Wehrpflichtige wegen Beendigung der Ausbildung bereits eine eigene Lebensstellung hat, kann er gegen seine Eltern allenfalls dann einen Unterhaltsanspruch haben, wenn er bereits vor seiner Einberufung eine herausgehobene Lebensstellung erlangt hat oder wenn er einen konkreten Sonder- oder Zusatzbedarf hat, der durch das Leistungssystem der Bundeswehr nicht gedeckt ist (OLG Stuttgart, FamRz 1987, S. 409).

Weiterbildung

Ob eine weitere Ausbildung als Weiterbildung oder als Zweitausbildung zu qualifizieren ist, ist häufig schwer zu beurteilen. Von Weiterbildung wird man sprechen, wenn die weitere Ausbildung eine qualitativ höhere Ausbildung als die erste ist und diese voraussetzt. Ausnahmsweise besteht ein Anspruch auf Weiterbildung. Ist die weitere Ausbildung zweifelsfrei als bloße Weiterbildung anzusehen (z.B. ein Aufbaustudium), kann eher als bei der

Zweitausbildung angenommen werden, daß die Eltern ihrer Verpflichtung, die Kosten einer angemessenen Berufsausbildung zu tragen, noch nicht vollständig nachgekommen sind, wenn sie nicht auch die Kosten der Weiterbildung übernehmen, insbesondere dann, wenn die Weiterbildung von vornherein angestrebt war oder wenn während der ersten Ausbildung eine besondere, die Weiterbildung erfordernde Begabung des Auszubildenden deutlich geworden ist (BGHZ 69, 119; OLG Hamm, FamRZ 1981, S. 811). Grundsätzlich aber besteht kein Anspruch auf Finanzierung einer Weiterbildung.

Wenn ein Kind den nach durchschnittlich bestandenem Abitur mit Wissen der Eltern gefaßten Plan eines Studiums der Volkswirtschaft wegen des Wehrdienstes nicht verwirklicht und nach dessen Ableistung ohne ausdrückliche Aufgabe des Studienplatzes eine Ausbildung als Industriekaufmann mit guten und sehr guten Ausbildungs- und Prüfungsnoten absolviert, so kommt in Betracht, daß die Eltern ihm für die Dauer des anschließend aufgenommenen Betriebswirtschaftsstudiums unter dem Gesichtspunkt der Weiterbildung unterhaltspflichtig sind (OLG Hamburg, FamRZ 1983, S. 639).

Schließt sich an eine dreijährige Ausbildung zum Chemielaboranten mit Einverständnis der Eltern ein einjähriger Besuch der Fachoberschule mit Erreichen des Fachabiturs an, so ist ein anschließendes Chemiestudium noch als angemessene Berufsausbildung im Sinne des § 1610 BGB anzusehen, wenn auf der Fachoberschule eine besondere Begabung des Kindes im Lernbereich Chemie deutlich wird (OLG Düsseldorf, FamRZ 1986, S. 592).

Mietfreies Wohnen des Unterhaltspflichtigen erhöht seine Leistungsfähigkeit. Mietfreies Wohnen des Unterhaltsberechtigten mindert seinen Bedarf. Es muß dann ermittelt werden, wie hoch sein übriger Bedarf noch ist. Es wird ihm also nicht ohne weiteres die normale Miete für die Wohnung angerechnet.

Wohnen, mietfreies

Wohnt ein Volljähriger mietfrei bei seiner Mutter, die mangels Einkommen nicht unterhaltspflichtig ist, kann davon ausgegangen werden, daß das mietfreie Wohnen dem barunterhaltspflichtigen Vater nicht zugute kommen soll, so daß er also keinen entsprechenden Abzug bei der Bedürftigkeit des Kindes machen darf (OLG Hamburg, FamRZ 1985, S. 960).
Wohnt das volljährige Kind bei dem barunterhaltspflichtigen Elternteil, wird die Unterhaltshöhe um einen Mietkostenanteil gekürzt. Nach Meinung des OLG Köln sind in einem angenommenen Bedarfssatz von DM 800, – 40 % Wohnkostenanteil enthalten, nämlich DM 240, – für Grundmiete und DM 80, – für Mietnebenkosten (unterhaltsrechtliche Leitlinien des OLG Köln, Stand 1.1.1985, FamRZ 1985, S. 25). Das OLG Hamburg (FamRZ 1985, S. 960) hielt es für angemessen, bei

einem Bedarfssatz von DM 840, – von einem Wohnkostenanteil von 25 bis 30 %, also durchschnittlich 27,5 % auszugehen. Bezüglich der Rechtsprechung des OLG München siehe unter: Student/Studierender.

Wohnt der Unterhaltspflichtige mietfrei, so muß er sich diesen Vorteil als zusätzliches Einkommen anrechnen lassen. Der Wohnvorteil ist bei einem angemessenen Lebensbedarf (= großer Selbstbehalt, siehe dort) von DM 1300, – mit DM 400, – anzusetzen; dieser Wohnvorteil verringert sich nicht um Nebenkosten, die der Hauseigentümer ebenso wie ein Mieter tragen muß; er verringert sich aber um erhebliche Reparaturkosten (OLG Frankfurt, FamRZ 1987, S. 190).

Der als Einkommen des Unterhaltspflichtigen anzurechnende Vorteil für mietfreies Wohnen beschränkt sich grundsätzlich auf die Differenz zwischen der ersparten Miete und dem auf die Wohnung entfallenden Schuldendienst (OLG Bamberg, FamRZ 1987, S. 1181).

Wohngeld   Der Unterhaltsberechtigte muß sich Wohngeld als Einkommen anrechnen lassen (Palandt, Erläuterung 2 b zu § 1602 BGB).

Zählkindervorteil   Siehe unter: Kindergeld.

Zinsen   Siehe unter: Vergangenheit.

Während der Zeit der Ableistung des Zivil-   **Zivildienst**
dienstes ist generell davon auszugehen,
daß ein ungedeckter Unterhaltsbedarf
nicht besteht. Wird gleichwohl ein Unterhaltsanspruch gegen die Eltern geltend
gemacht, sind an Darlegung und Beweis
hohe Anforderungen zu stellen (OLG
Hamburg, FamRZ 1987, S. 409).
Siehe auch unter: Wehrdienst.

Siehe unter: Verzicht und Vorausleistung.   **Zukunft**

Ausgangspunkt ist die Eigenverantwor-   **Zumutbarkeit**
tung des ausgebildeten Volljährigen. Er
ist nach Abschluß seiner Ausbildung gehalten, auch berufsfremde Tätigkeiten
aufzunehmen, wenn es ihm nicht möglich
ist, in dem erlernten Beruf sein Auskommen zu finden. Erst danach kommt eine
Inanspruchnahme der Eltern in Betracht
(BGHZ 92, 123).
Das volljährige Kind muß im Grundsatz
jedenfalls dann jede Arbeit annehmen,
wenn es im Ausbildungs- oder früher aus-
geübten Beruf längere Zeit keine Stelle
finden konnte. Einer 31-jährigen, die eine
Ausbildung als Erzieherin und eine Tätigkeit als Bürohilfe hinter sich hat, ist es
zumutbar, auch einfache Reinigungs-
oder andere Hilfsarbeiten zu übernehmen
(OLG Köln, FamRZ 1986, S. 499). Das Gericht ließ offen, ob für kürzere Zeiten
nach Abschluß der Ausbildung oder Verlust des Arbeitsplatzes etwas anderes gilt
(z.B. wenn die Übernahme einer nicht

qualifizierten Arbeit bei der Suche nach einer neuen Stelle hinderlich ist).
Sie auch unter: Erwerbsobliegenheit.

Zusammenleben

Der Unterhaltspflichtige braucht für Mehrkosten nicht aufzukommen, die durch das Zusammenleben des Unterhaltsberechtigten mit einem Partner entstehen (OLG Köln, FamRZ 1982, S. 834).
Der Unterhaltspflichtige kann seine Leistung nicht mit dem Argument verweigern, das Kind könne ja seinen Partner heiraten und habe dann gegen diesen einen Unterhaltsanspruch (MünchK RN 7 zu § 1608 BGB). Jedoch muß sich der Unterhaltsberechtigte das als Einkommen ganz oder teilweise anrechnen lassen, was der Partner ihm für die Versorgung und Haushaltsführung bezahlt (BGH, NJW 1980, S. 124).

Zwangsvollstreckung

Zwangsvollstreckung kann aufgrund eines Titels, d.h. eines Urteils oder eines gerichtlichen Vergleichs, betrieben werden. Ein Unterhaltstitel aus der Zeit der Minderjährigkeit wirkt über den Zeitpunkt der Volljährigkeit hinaus (BGH, Fam RZ 1983, S. 582). Soll er geändert werden, muß dies durch eine Abänderungsklage betrieben werden.
Aus einem Unterhaltsvergleich, der die Mutter im Rahmen der gesetzlichen Prozeßstandschaft (§ 1629 Abs. 3 S. 1 BGB) als Gläubigerin ausweist, kann diese auch nach Eintritt der Volljährigkeit des unterhaltsberechtigten Kindes noch die

Zwangsvollstreckung betreiben (LG Düsseldorf, Deutsche Gerichtsvollzieherzeitung 1985, S. 151).
Muß wegen Unterhaltsansprüchen gepfändet werden, gelten gemäß § 850 d ZPO Grenzen, die den Unterhaltspflichtigen ungünstiger stellen als bei Pfändung wegen sonstiger Forderungen.

Soweit eine Unterhaltszahlung zur Verwirklichung eines bestimmten Zwecks geschuldet und geleistet wird, ist sie zweckgebunden. Der Leistungsgrund fällt fort, wenn der Betrag nicht für den Zweck, z.B. für die Ausbildung, verwendet wird (BGH, NJW 1987, S. 1557). **Zweckbindung**

Hat der Unterhaltsverpflichtete eine Erstausbildung, die den damals erkennbaren Neigungen und Fähigkeiten des Unterhaltsberechtigten entsprach, mit dem ihm zumutbaren Aufwand finanziert, ist er in der Regel nicht verpflichtet, die Kosten für eine weitere Ausbildung zu tragen (BGHZ 69, 190). Zufolge einer späteren Entscheidung (BGH, FamRZ 1981, S. 437) kommt es noch nicht einmal darauf an, ob die Eltern die erste Ausbildung finanziert haben (so auch Soergel RN 25 zu § 1610 BGB). **Zweitausbildung**
Ist der erste Beruf ausgeübt worden und konnte der Unterhaltsverpflichtete damit rechnen, nicht mehr in Anspruch genommen zu werden, so kann das Kind keine Zweitausbildung verlangen. Ansonsten kann das Kind eine Zweitausbildung nur

in folgenden Fällen ausnahmsweise fordern:
- Gesundheitliche Gründe.
- Gewissensgründe.
- Erhebliche Fehleinschätzung der Begabung des Kindes bei der Wahl der Erstausbildung.
- Es hat sich später herausgestellt, daß der zunächst erlernte Beruf aus Gründen, die bei Beginn der Ausbildung nicht vorhersehbar waren, keine ausreichende Lebensgrundlage darstellt (BGHZ 69, 190).
- Nachhaltige Verbesserung der wirtschaftlichen Verhältnisse der Familie, wenn die Mittel zunächst nicht für die begabungsgerechte Ausbildung reichten (MünchK RN 22 zu § 1610).

Unabhängig hiervon ist die Frage zu beurteilen, ob nach dem BAföG ein Anspruch auf Leistungen für eine Zweitausbildung besteht.

Eine Schulausbildung ist keine Zweitausbildung, wenn sie auf einem Entschluß beruht, der vor Antritt einer (inzwischen abgeschlossenen) artverwandten Lehre gefaßt worden ist (OLG Hamm, FamRZ 1984, S. 503).

Siehe auch unter: Weiterbildung.

Kapitel V

Ausbildungsförderung

Die wichtigsten Begriffe bei der BAföG-Förderung

Abbruch der Ausbildung wird angenommen, wenn der Auszubildende endgültig das Ziel des förderbaren Ausbildungsabschnitts nicht mehr anstrebt (§ 15 a Abs. 4 BAföG). Der Abbruch gilt als Ausbildungsbeendigung, wenn der Auszubildende die Ausbildung nicht an einer anderen Ausbildungsstätte anderer Art im Sinne des § 2 Abs. 1 weiterführt (§ 15 a Abs. 4). Hat der Auszubildende aus wichtigem Grund die Ausbildung abgebrochen, wird die Ausbildungsförderung für eine andere Ausbildung geleistet (§ 7 Abs. 3 BAföG).

Abbruch der Ausbildung

Ob ein berufsqualifizierender Abschluß vorliegt, ist nach objektiven Gesichtspunkten zu beurteilen. Ausschlaggebend ist, ob der Auszubildende einen Ausbildungsstand erreicht hat, der ihm die Aufnahme eines Berufes ermöglicht. Das ist stets dann der Fall, wenn durch eine Abschlußprüfung die rechtlichen Voraussetzungen für die Ausübung eines Berufes erfüllt oder beim Fehlen solcher Rechtsvorschriften die hierfür tatsächlich erforderlichen Kenntnisse und Fähigkeiten erlangt worden sind (BVerwG, Urteil vom 19. 4. 1988).

Abschluß, berufsqualifizierender

Für Ausbildungsförderung an Hochschulen der Bundesrepublik Deutschland sind Ämter für Ausbildungsförderung an Hochschulen bzw. bei Studentenwerken zuständig. Für die sonstige Ausbildungsförderung sind Ämter bei allgemeinen Verwaltungsbehörden eingerichtet, z.B.

Ämter für Ausbildungsförderung

bei den Verwaltungen der kreisfreien
Städte und bei den Landratsämtern. Das
ist von Land zu Land verschieden.
Bei Hochschulen gibt es auch Förde-
rungsausschüsse, die das Amt für Ausbildungsförderung in bestimmten Fällen als
Gutachter anhören muß.

Alter   Siehe unter: Höchstalter.

Anrechnung   Anrechnung bedeutet nach dem BAföG
die rechnerische Minderung des soge-
nannten Bedarfs (siehe dort). Von dem im
BAföG definierten Bedarf (= Förderung
von Lebensunterhalt und Ausbildung)
werden Einkommen und Vermögen des
Auszubildenden und seines Ehegatten abgezogen, außerdem, wenn es sich um keine elternunabhängige Förderung handelt, auch Einkommen und Vermögen der
Eltern. Das Anrechnungsverfahren ist
kompliziert; am besten erkundigt man
sich bei einem Amt für Ausbildungsförderung.
Die Anrechnung geschieht unabhängig
davon, ob dem Auszubildenden der anzurechnende Betrag zur Verfügung steht,
also z. B. von seinen Eltern geleistet wird.
Im Fall einer sogenannten Vorausleistung bekommt ein Auszubildender Förderung auch dann, wenn durch Anrechnung sein Bedarf gleich Null ist.

Anspruchs-   Leistungen werden gemäß § 68 Abs. 2 BA-
berechtigte   föG gewährt an:

- Schüler von weiterführenden allgemeinbildenden Schulen und Berufsfachschulen ab Klasse 10, von Berufsaufbauschulen, Fachschulklassen, deren Besuch eine abgeschlossene Berufsausbildung nicht voraussetzt, sowie Fachoberschulen, wenn der Auszubildende nicht bei seinen Eltern wohnt und wenn von der Wohnung der Eltern aus eine entsprechende zumutbare Ausbildungsstätte nicht erreichbar ist;
- Schüler von Abendhauptschulen, Abendrealschulen, Abendgymnasien und Kollegs;
- Schüler von Fachschulklassen, deren Besuch eine abgeschlossene Berufsausbildung voraussetzt;
- Studierende an Höheren Fachschulen und Akademien;
- Studenten an Hochschulen;
- Teilnehmer an Fernunterrichtslehrgängen, die unter denselben Zugangsvoraussetzungen auf denselben Abschluß vorbereiten wie die in den Nummern 1 bis 5 bezeichneten Ausbildungsstätten;
- Praktikanten, die ein Praktikum im Zusammenhang mit dem Besuch der vorstehend genannten Ausbildungsstätten und Fernunterrichtslehrgänge leisten müssen.

Niemand wird ohne Antrag gefördert. Der Volljährige muß den Antrag selbst stellen. Er kann dazu jemanden schriftlich bevollmächtigen. Für einen Minderjährigen kann der Antrag auch von den Erzie-

Antrag

hungsberechtigten gestellt werden (siehe unter: Volljährigkeit). Zu beachten ist besonders, daß die Förderung frühestens mit dem Monat beginnt, in dem der Antrag beim zuständigen Amt eingegangen ist. Das gilt auch für Wiederholungs- oder Weiterförderungsanträge. Für die Zeit davor gibt es keine Förderung.

Auch für die Darlehensabwicklung können Anträge bedeutsam sein (siehe unter: Förderungsarten).

Ausbildung

Die Ausbildung wird nur gefördert, wenn die Ausbildungsstätte, das Praktikum oder der Fernunterricht die Anforderungen des BAföG erfüllen. Besonderheiten gelten für Auslandsausbildung. Grundsätzlich gilt (§ 7 Abs. 1): „Die Förderung wird für die weiterführende allgemeinbildende Ausbildung geleistet und dann für mindestens eine drei Schul- oder Studienjahre dauernde Berufsausbildung."

§ 7 Abs. 2 BAföG: „Für eine einzige weitere Ausbildung wird Ausbildungsförderung bis zu deren berufsqualifizierendem Abschluß geleistet,

1. wenn sie eine Hochschulausbildung entweder in einem längstens zwei Jahre dauernden Ausbildungsgang in derselben Richtung fachlich, insbesondere wissenschaftlich vertieft, weiterführt oder insoweit ergänzt, als dies für die Aufnahme des angestrebten Berufs rechtlich erforderlich ist,

2. wenn im Zusammenhang mit der vorhergehenden Ausbildung der Zugang zu ihr eröffnet worden ist, sie in sich

selbständig ist und in derselben Richtung fachlich weiterführt,

3. wenn der Auszubildende

– eine Fachoberschulklasse, deren Besuch eine abgeschlossene Berufsausbildung voraussetzt, eine Abendhauptschule, eine Berufsaufbauschule, eine Abendrealschule, ein Abendgymnasium oder ein Kolleg besucht oder

– die Zugangsvoraussetzungen für die zu fördernde weitere Ausbildung an einer der in Buchstabe a) genannten Ausbildungsstätten erworben hat, auch durch eine Nichtschülerprüfung oder eine Zugangsprüfung zu einer Hochschule, oder

4. wenn der Auszubildende als erste berufsbildende eine zumindest dreijährige Ausbildung an einer Berufsfachschule oder in einer Fachschulklasse, deren Besuch eine abgeschlossene Berufsausbildung nicht voraussetzt, abgeschlossen hat.

Im übrigen wird Ausbildungsförderung für eine einzige weitere Ausbildung nur geleistet, wenn die besonderen Umstände des Einzelfalles, insbesondere das angestrebte Ausbildungsziel, dies erfordern."

Darunter versteht das BAföG die Zeit, die an Ausbildungsstätten einer Ausbildungsart (einschließlich der erforderlichen Praktika) bis zu einem Abschluß oder Abbruch fortlaufend verbracht wird (§ 2 Abs. 5 S. 2).

Ausbildungs-abschnitt

Der Ausbildungsabschnitt muß mindestens ein Schul- oder Studienhalbjahr dauern, sonst gibt es keine Ausbildungsförderung (§ 2 Abs. 5 S. 1).

Ausbildungs-
stätten

Gefördert wird nur der Besuch von Einrichtungen, wie in § 2 Abs. 1 BAföG oder durch eine Rechtsverordnung bezeichnet, oder die als gleichwertig anerkannt sind. § 2 Abs. 1 führt auf:
1. Weiterführende allgemeinbildende Schulen und Fachoberschulen,
2. Abendhauptschulen, Berufsaufbauschulen, Abendrealschulen, Abendgymnasien und Kollegs,
3. Berufsfachschulen, einschließlich der Klassen aller Formen der beruflichen Grundbildung, und Fachschulen.
4. Höhere Fachschulen und Akademien,
5. Hochschulen.
Daneben gibt es Förderung der Teilnahme an Praktika und Fernunterricht.
Liegt die Ausbildungsstätte im Ausland, wird geprüft, welcher deutschen Ausbildungsstätte sie gleichkommt (§ 5 Abs. 4 S. 1).

Auskunfts-
pflicht

Nach § 60 Abs. 1 des Ersten Buchs des Sozialgesetzbuchs hat derjenige, der BAföG-Leistungen beantragt oder erhält,
1. alle Tatsachen anzugeben, die für die Leistung erheblich sind, und auf Verlangen des zuständigen Leistungsträgers der Erteilung der erforderlichen Auskünfte durch Dritte zuzustimmen,

2. Änderungen in den Verhältnissen, die für die Leistung erheblich sind oder über die im Zusammenhang mit der Leistung Erklärungen abgegeben worden sind, unverzüglich mitzuteilen,

3. Beweismittel zu bezeichnen und auf Verlangen des zuständigen Leistungsträgers Beweisurkunden vorzulegen oder ihrer Vorlage zuzustimmen.

Das gilt entsprechend für denjenigen, der Leistungen zu erstatten hat.

Es gilt auch für die Eltern und den Ehegatten des Auszubildenden (§ 47 Abs. 4 BAföG).

Der Arbeitgeber hat über den Arbeitslohn und den auf der Lohnsteuerkarte eingetragenen steuerfreien Jahresbetrag auf Verlangen dem Auszubildenden, seinen Eltern und seinem Ehegatten sowie dem Amt für Ausbildungsförderung eine Bescheinigung auszustellen, soweit dies zur Durchführung des BAföG erforderlich ist (§ 47 Abs. 5).

Ausbildungsstätten und Fernlehrinstitute sowie deren Träger sind verpflichtet, den zuständigen Behörden auf Verlangen alle Auskünfte zu erteilen und Urkunden vorzulegen sowie die Besichtigung der Ausbildungsstätte zu gestatten, soweit die Durchführung des BAföG es erfordert (§ 47 Abs. 2).

Die Verletzung der Auskunftspflicht ist als Ordnungswidrigkeit mit Geldbuße bedroht (§ 58 BAföG).

Siehe unter: Staatsangehörigkeit.   **Ausländer**

Auslands-ausbildung

Ohne besondere Voraussetzungen werden Auszubildende gefördert, die täglich von ihrem ständigen Wohnsitz zu einer Ausbildungsstätte pendeln, die im Ausland liegt (§ 5 Abs. 1 S. 1, Abs. 4 S. 1 BAföG).

Wer nicht täglich pendeln kann, erhält BAföG-Leistungen für Auslandsausbildung nur, wenn sein ständiger Wohnsitz in der Bundesrepublik Deutschland liegt (Ausnahme: Auslandsdeutsche) und er ausreichende Sprachkenntnisse für die ausländische Ausbildung hat. Außerdem muß die Ausbildungsstätte deutschen Hochschulen, Akademien, Höheren Fachschulen oder Gymnasien (ab 11. Klasse) gleichwertig sein (§ 5 Abs. 4 S. 2).

Hat die Ausbildungsstätte ihren Sitz in Europa, wird ihr Besuch nur gefördert, wenn die Ausbildung im Bundesgebiet nicht durchgeführt werden kann (auch z. B. wegen Numerus clausus) oder wenn der Besuch der ausländischen Ausbildungsstätte nach dem Ausbildungsstand förderlich ist und wenigstens ein Teil der Auslandszeit im Inland angerechnet werden kann (§ 5 Abs. 2).

Liegt die Ausbildungsstätte außerhalb Europas, wird gefördert, wenn der Auslandsaufenthalt erforderlich ist oder wenn er im Rahmen eines entsprechend anerkannten Stipendienprogramms erfolgt oder wenn er nach dem Ausbildungsstand förderlich ist, wenigstens teilweise anerkannt wird und dem Auszubildenden zusätzliche Mittel für die höheren Auslandskosten zur Verfügung stehen (§ 5 Abs. 3). Abgesehen von dem zuletzt genannten Fall (Auslandsaufenthalt

ist nach dem Ausbildungsstand förderlich usw.) gelten höhere Bedarfssätze; auch werden Reisekosten und im Ausland anfallende Studiengebühren gezahlt.
Teilgeförderte erhalten die zusätzliche Auslandsförderung in voller Höhe. Viele Auszubildende, die in der Bundesrepublik infolge der Einkommens- und Vermögensanrechnung aus der Förderung herausfallen, erhalten während der Auslandsausbildung namhafte Förderungsbeträge.
Normalerweise wird die Auslandsausbildung nur ein Jahr lang gefördert (§ 16 Abs. 1; Ausnahmen: § 16 Abs. 2 und 3). Eine Auslandsförderung bis zu einem Jahr verkürzt nicht die Förderungszeit in der Bundesrepublik (§ 5 a). Für die Förderung gelten besondere Zuständigkeiten. Nach ihnen muß man sich bei einem Amt für Ausbildungsförderung erkundigen.

Deutsche, die ihren ständigen Wohnsitz in einem ausländischen Staat haben und dort (oder von dort aus in einem Nachbarstaat) eine Ausbildungsstätte besuchen, können Ausbildungsförderung erhalten, wenn die besonderen Umstände des Einzelfalls dies rechtfertigen. Art und Dauer der Leistungen sowie die Anrechnung des Einkommens und des Vermögens richten sich nach den besonderen Verhältnissen im Aufenthaltsland.
Man muß sich bei einem Amt für Ausbildungsförderung danach erkundigen, welches Amt zuständig ist.

Auslandsdeutsche

Auslands-praktikum

Die Teilnahme an einem Praktikum im Ausland wird nur gefördert, wenn die Ausbildungsbestimmungen einer westdeutschen Hochschule es vorsehen und es in Verbindung mit einer ausländischen Hochschule abgeleistet wird (§ 5 Abs. 5 BAföG).

Auszu-bildender

Das BAföG verwendet diesen Begriff nicht nur für die sog. Azubis (Lehrlinge), sondern für alle, die in Ausbildung stehen, also auch für Schüler, Studierende, Studenten u.ä.

Bedarf

Als Bedarf versteht das BAföG Kosten für Lebensunterhalt und Ausbildung (§ 11 Abs. 1). Das BAföG bestimmt selbst, wie hoch der monatliche Bedarf ist. Der gesetzlich definierte Bedarf ist unterschiedlich festgesetzt, je nachdem, welche Ausbildungsstätte besucht wird und ob der Auszubildende bei seinen Eltern wohnt, verheiratet ist, Kinder hat. Durch Gesetzesänderungen wird der Bedarf den veränderten Verhältnissen angeglichen. Das Nähere erfährt man bei den Ämtern für Ausbildungsförderung. Grundsätzlich ist die Förderung so hoch wie der Bedarf. Jedoch werden davon Beträge abgezogen, die anzurechnen sind (siehe unter: Anrechnung).

Begabten-förderung

Wer Leistungen von einem Begabtenförderungswerk erhält, bekommt keine BAföG-Leistung (§ 2 Abs. 6 Nr. 2).

Ausbildungsförderung

Berlin (West) wird im BAföG dem Bundesgebiet gleichgestellt.

Berlin

Über den Förderantrag wird durch
schriftlichen Bescheid entschieden (§ 50
BAföG). Er enthält eine Rechtsbehelfsbe-
lehrung für den Fall, daß der Antragsteller mit dem Bescheid nicht einverstanden
ist. Ändern sich die maßgeblichen Umstände, wird der Bescheid geändert (§ 53).
In der Regel wird für ein Jahr entschieden (§ 50 Abs. 3; Bewilligungszeitraum,
siehe dort). Siehe auch unter: Weiterförderung.

Bescheid

Die Förderung wird so gut wie nie für einen längeren Zeitraum als für ein Jahr
bewilligt. Der Bewilligungszeitraum ist
kürzer, wenn die Ausbildung vor Ablauf
eines Jahres endet.
Siehe auch unter: Weiterförderung.

**Bewilligungs-
zeitraum**

Siehe unter: Förderungsarten.

Darlehen

Soweit keine elternunabhängige Förderung (siehe folgendes Stichwort) begehrt
wird, werden Elterneinkommen und -ver-
mögen auf den sogenannten Bedarf des
Auszubildenden angerechnet. Im Fall der
sogenannten Vorausleistung (siehe dort)
kommt es auf Einkommen und Vermögen
der Eltern nicht an. Allerdings ist der Ersatzanspruch des Landes davon abhängig.

**Elternein-
kommen und
-vermögen**

Elternunabhängige Förderung

Einkommen und Vermögen der Eltern werden nicht angerechnet, wenn ihr Aufenthaltsort nicht bekannt ist oder sie rechtlich oder tatsächlich daran gehindert sind, in der Bundesrepublik Deutschland Unterhalt zu leisten (§ 11 Abs. 2 a BAföG). Eine Anrechnung erfolgt außerdem nicht, wenn der Auszubildende eine der folgenden Voraussetzungen erfüllt (§ 11 Abs. 3):

1. Er besucht ein Abendgymnasium oder Kolleg.
2. Er ist bei Beginn des Ausbildungsabschnitts bereits 30 Jahre alt.
3. Zu Beginn des Ausbildungsabschnitts war er bereits fünf Jahre lang erwerbstätig und in der Lage, sich selbst zu ernähren (die Zeit vor der Volljährigkeit wird nicht mitgerechnet).
4. Zu Beginn des Ausbildungsabschnitts hatte der Auszubildende bereits eine abgeschlossene Berufsausbildung und war danach drei Jahre lang berufstätig und in der Lage, sich selbst zu unterhalten.
5. Er beginnt eine in sich selbständige Ausbildung, nachdem seine Eltern ihre Unterhaltspflicht erfüllt haben.

Erkrankung

Siehe unter: Krankheit.

Fernunterricht

Unter bestimmten Voraussetzungen wird die Teilnahme am Fernunterricht gefördert. Über das Nähere muß man sich eingehend bei dem jeweiligen Fernlehrinstitut sowie beim Amt für Ausbildungsförde-

rung erkundigen. Gefördert wird nur in
den letzten zwölf Monaten vor Abschluß
der Ausbildung.

Die Förderung ist ein Zuschuß, der nicht
zurückgezahlt werden muß (§ 17 BAföG).
Für Studenten der Höheren Fachschulen,
Akademien und Hochschulen (einschließlich Praktika) allerdings wird die Förderung als Darlehen geleistet; nur wenn es
sich um eine ausländische Ausbildungsstätte handelt, wird der auslandsbedingte
Zuschlag als Zuschuß (nicht zurückzuzahlen) gewährt.

**Förderungs-
arten**

Das Darlehen ist innerhalb von 20 Jahren
in Raten zurückzuzahlen. Es ist nicht zu
verzinsen. Zinsen fallen erst an, wenn jemand seine Rückzahlungsverpflichtung
verletzt. Nach dem Ende der Förderungshöchstdauer erhält der Geförderte vom
Bundesverwaltungsamt in Köln einen Bescheid, aus dem sich seine Zahlungs-
pflicht und die Ratentermine ergeben.
Zur Rückzahlung ist der Geforderte nur
verpflichtet, wenn sein Einkommen bestimmte Grenzen übersteigt (§ 18 a). Ein
Viertel des Darlehens wird erlassen, wenn
der Geförderte bei der Abschlußprüfung
zu den besten 30 % der Geförderten gehört, die die Prüfung im selben Kalender-
jahr abgeschlossen haben (§ 18 b Abs. 1).
Außerdem werden ihm auf Antrag
(Frist!) DM 5000, – erlassen, wenn der
Geförderte seine Abschlußprüfung wenigstens vier Monate vor dem Ende der
Förderungshöchstdauer besteht (§ 18 b
Abs. 1 a). Ferner werden Rückzahlungs-

raten auf Antrag für solche Monate erlassen, in denen der Geförderte sich der Pflege und Erziehung eines Kindes bis zu zehn Jahren oder der Betreuung eines behinderten Kindes gewidmet hat und er nicht oder nur unwesentlich erwerbstätig ist (§ 18 b Abs. 2).

Förderungsbeginn

Die Förderung wird von Beginn des Monats an geleistet, in dem die Ausbildung aufgenommen wird (z.B. Vorlesungsbeginn), frühestens jedoch von Beginn des Antragsmonats an (§ 15 Abs. 1 BAföG). Ganz wichtig ist daher die rechtzeitige Antragstellung, auch wenn es um eine Weiterförderung geht. Für die Vergangenheit gibt es keine Förderung.

Förderungsende

Mit dem Ende der Ausbildung (Abschlußprüfung, Zeugniserteilung bzw. planmäßige Beendigung) endet auch die Förderung. Sie hört vorher auf, wenn die Förderhöchstdauer überschritten ist, es sei denn, es liegt ein Fall des § 15 Abs. 3 BAföG vor (siehe unter: Förderungshöchstdauer).

Förderungshöchstdauer

Grundsätzlich hängt die Förderung von der Dauer der Ausbildung ab. Für Ausbildungen an Höheren Fachschulen, Akademien und Hochschulen ist aber durch Rechtsverordnung eine Förderungshöchstdauer festgelegt.
Ausnahmsweise und für eine angemessene Zeit darf die Förderungshöchstdauer

überschritten werden (§ 15 Abs. 3 BAföG):

– aus schwerwiegenden Gründen (z.B. schwere Krankheit, Schwangerschaft, Verlängerung der Examenszeit ohne Verschulden des Auszubildenden, erstmaliges Nichtbestehen einer Zwischenprüfung),
– bei Auslandsausbildung,
– wenn der Geförderte durch Mitwirkung in Hochschul- und ähnlichen Organen Zeit verloren hat,
– wenn der Geförderte die Abschlußprüfung erstmalig nicht bestanden hat.

Höchstalter

Grundsätzlich gilt: Ist der Auszubildende bei Beginn des Ausbildungsabschnitts, für den er Förderung beantragt, bereits 30 Jahre alt, bekommt er nichts (§ 10 Abs. 3 S. 1 BAföG). Davon gibt es Ausnahmen, nämlich wenn (§ 10 Abs. 3 S. 2)

„1. der Auszubildende die Zugangsvoraussetzungen für die zu fördernde Ausbildung in einer Fachoberschulklasse, deren Besuch eine abgeschlossene Berufsausbildung voraussetzt, an einer Abendhauptschule, einer Berufsaufbauschule, einer Abendrealschule, einem Abendgymnasium, einem Kolleg oder durch eine Nichtschülerprüfung oder eine Zugangsprüfung zu einer Hochschule erworben hat und danach unverzüglich den Ausbildungsabschnitt beginnt,

2. die Art der Ausbildung die Überschreitung der Altersgrenze rechtfertigt,

3. der Auszubildende aus persönlichen

oder familiären Gründen, insbesondere der Erziehung von Kindern bis zu zehn Jahren, gehindert war, den Ausbildungsabschnitt rechtzeitig zu beginnen oder

4. der Auszubildende infolge einer einschneidenden Veränderung seiner persönlichen Verhältnisse bedürftig geworden ist und noch keine Ausbildung, die nach diesem Gesetz [BAföG] gefördert werden kann, berufsqualifizierend abgeschlossen hat."

Inanspruchnahme des Geförderten

Förderung kommt nur in Betracht, wenn die Ausbildung die Arbeitskraft des Auszubildenden im allgemeinen voll in Anspruch nimmt (§ 2 Abs. 5 S. 1 BAföG).

Internat

Bei Unterbringung in einem Internat werden die Unterkunftskosten erstattet, falls sie den mutmaßlichen Bedarfssatz übersteigen.

Krankheit

Ausbildungsförderung wird auch geleistet, solange der Auszubildende infolge einer Krankheit gehindert ist, die Ausbildung durchzuführen, nicht jedoch über das Ende des dritten Kalendermonats hinaus (§ 15 Abs. 2 a BAföG). Eine längerwährende Krankheit kann als Grund für eine Überschreitung der Förderhöchstdauer anerkannt werden.

Leistungsnachweis

Der Besuch einer Höheren Fachschule, Akademie oder Hochschule wird vom 5.

Fachsemester an nur gefördert, wenn der Auszubildende die Zwischenprüfung bestanden hat oder einen gleichwertigen Leistungsnachweis erbringt (§ 9 und § 48 BAföG; für Ausland: § 49).

Der Besuch eines Praktikums wird gefördert, wenn es zu der Ausbildung an einer dem BAföG entsprechenden Ausbildungsstätte gehört (§ 2 Abs. 4). Praktikanten erhalten während des Praktikums denselben Förderungsbeitrag, der für den Schultyp gezahlt wird, für den das Praktikum Pflicht ist.

Praktika

Auf die Leistungen aufgrund des BAföG hat der Auszubildende einen (eventuell mittels Klage vor dem Verwaltungsgericht) durchsetzbaren Rechtsanspruch, wenn die gesetzlichen Anforderungen vorliegen (§ 1). Eine Ausnahme besteht bei Auslandsdeutschen (§ 6).
Ein Rechtsanspruch entsteht auch in den Fällen der sogenannten Vorausleistung (siehe dort).

Rechtsanspruch

Siehe zunächst unter: Anspruchsberechtigte.
Schüler von weiterführenden allgemeinbildenden Schulen und Berufsfachschulen sowie von Fachoberklassen, von Abendhauptschulen, Berufsaufbauschulen, Abendrealschulen und von solchen Fachschulklassen, deren Besuch keine abgeschlossene Berufsausbildung vor-

Schüler

aussetzt, werden nur gefördert, wenn sie nicht bei den Eltern wohnen und außerdem von der Wohnung der Eltern aus eine entsprechende zumutbare Ausbildungsstätte nicht erreichbar ist (§ 12 Abs. 2 BAföG). Es ist eine Rechtsverordnung zu erwarten, die diese Einschränkung mildert, und zwar in solchen Fällen, in welchen es unzumutbar erscheint, den Auszubildenden auf die Wohnung der Eltern zu verweisen.

Siehe auch unter: Wohnung.

Schwanger-schaft

Ausbildungsförderung wird auch geleistet, solange die Auszubildende infolge Schwangerschaft gehindert ist, die Ausbildung durchzuführen, nicht jedoch über das Ende des 3. Kalendermonats hinaus (§ 15 Abs. 2 a BAföG). Schwangerschaft wird als schwerwiegender Grund für eine Überschreitung der Förderhöchstdauer anerkannt.

Staatsange-hörigkeit

Leistungen gibt es nicht nur für deutsche Staatsangehörige. Ihnen sind nach § 8 BAföG diejenigen gleichgestellt, die zwar nicht deutsche Staatsangehörige, aber Deutsche im Sinne des Art. 116 Abs. 1 GG sind, ferner sogenannte heimatlose Ausländer, anerkannte Asylanten, Ausländer, bei denen ein Elternteil Deutscher ist, und Auszubildende, die nach dem Aufenthaltsgesetz EG als Kinder Freizügigkeit genießen oder verbleibeberechtigt sind. Wegen sonstiger Ausländer siehe § 8 Abs. 2 und 3 BAföG.

Siehe unter: Anspruchsberechtigte.   **Studenten**

Siehe unter: Anspruchsberechtigte.   **Studierende**

Der Förderungsbetrag ist für denjenigen   **Unterbre-**
Kalendermonat oder Teil eines Kalender-   **chung der**
monats zurückzuzahlen, in dem der Aus-   **Ausbildung**
zubildende die Ausbildung aus einem von
ihm zu vertretenden Grund unterbrochen
hat (§ 20 Abs. 2 BAföG).
Nicht als Unterbrechung gilt die Zeit,
in welcher der Auszubildende infolge
Krankheit oder Schwangerschaft gehindert ist, die Ausbildung durchzuführen,
nicht jedoch über das Ende des 3. Kalendermonats hinaus (§ 15 Abs. 2 a). Keine
Unterbrechung ist auch die unterrichts-
und vorlesungsfreie Zeit (§ 15 Abs. 2).

Für die Ausbildungsförderung spielt die   **Volljährig-**
Volljährigkeit keine entscheidende Rolle.   **keit**
Selbst ein 15-jähriger kann selbständig ei-
nen Förderantrag stellen sowie Förderung entgegennehmen (§ 36 des 1. Buchs
des Sozialgesetzbuchs).
Siehe auch unter: Antrag.

Macht der Auszubildende glaubhaft, daß   **Voraus-**
seine Eltern ihm den anzurechnenden   **leistung**
Unterhaltsbetrag nicht leisten, und ist da-
durch die Ausbildung gefährdet, so wird
– im allgemeinen nach Anhörung der Eltern – ohne Anrechnung dieses Betrags
gefördert (§ 36 Abs. 1 BAföG). Das gleiche

gilt, wenn eine Anrechnung nicht möglich ist, weil die Eltern nicht die erforderlichen Auskünfte erteilen oder Urkunden
nicht vorlegen oder ein Bußgeldverfah-
ren nichts genützt hat (§ 36 Abs. 2). Von
dem Zeitpunkt an, an dem die Eltern entsprechend belehrt worden sind, geht der
Unterhaltsanspruch des Kindes gegen
seine Eltern auf das vorausleistende Bundesland über, jedoch nur, soweit auf den
Bedarf des Auszubildenden das Einkommen und das Vermögen der Eltern nach
dem BAföG anzurechnen sind (§ 37 Abs.
1). Zu dem vorausgeleisteten Betrag kommen 6 % Zinsen hinzu (§ 37 Abs. 6). Das
Land muß notfalls vor dem Familiengericht gegen die Eltern bzw. einen Elternteil klagen. Ein erheblicher Teil der Un-
terhaltsurteile resultiert aus solchen Pro-
zessen.

**Vorlesungs-
freie Zeit**

Die vorlesungsfreie Zeit gehört zur Dauer
der Ausbildung, wird also mitgefördert
(§ 15 Abs. 2 BAföG).

**Wechsel der
Fachrichtung**

Hat der Auszubildende aus wichtigem
Grund die Fachrichtung gewechselt, wird
Ausbildungsförderung für eine andere
Ausbildung geleistet (§ 7 Abs. 3 BAföG).
Ein wichtiger Grund kann vorliegen bei
mangelnder intellektueller, psychischer
oder körperlicher Eignung oder bei einem
schwerwiegenden und grundsätzlichen
Neigungswandel. Auf jeden Fall soll man
sich vorher mit dem Amt für Ausbildungsförderung beraten.

Wem daran gelegen ist, daß die Förderung nach Ablauf des Bewilligungszeitraums ohne Unterbrechung weiterläuft, muß spätestens zwei Monate vor dessen Ende einen neuen Antrag stellen. Die Leistung wird dann weitergezahlt, allerdings unter dem Vorbehalt der Rückforderung. Das Amt für Ausbildungsförderung entscheidet endgültig (ohne Vorbehalt), sobald alle erforderlichen Unterlagen vorliegen.

Weiterförderung

Wird diese Zwei-Monats-Frist nicht eingehalten, endet die Zahlung mit dem Bewilligungszeitraum. Der neue Antrag wird dann wie ein normaler Antrag behandelt, d.h. gefördert wird höchstens ab Beginn des Monats, in dem der Antrag einlief; die Zahlungen (eventuell Nachzahlungen) erfolgen jedoch erst, wenn der neue Bescheid erstellt wurde.

Für die Anwendung des BAföG sagt § 5 Abs. 1 S. 2: Der ständige Wohnsitz ist an dem Ort begründet, der nicht nur vorübergehend Mittelpunkt der Lebensbeziehungen ist – ohne daß es auf den Willen zur ständigen Niederlassung ankommt. Wer sich lediglich zum Zwecke der Ausbildung an einem Ort aufhält, hat dort nicht seinen ständigen Wohnsitz begründet.

Wohnsitz, ständiger

Ausbildungsförderung hängt ganz oder teilweise ab von der Frage, ob die Ausbildungsstätte in zumutbarer Entfernung von der Wohnung der Eltern liegt. Solange der Schüler bzw. Auszubildende min-

Wohnung

derjährig ist, sind die Wohnverhältnisse desjenigen Elternteils maßgebend, dem das Sorgerecht übertragen worden ist. Sobald er volljährig ist, kommt es auf die Wohnung desjenigen Elternteils an, der der Ausbildungsstätte am nächsten wohnt (siehe auch unter: Schüler).

Wird der Auszubildende, dessen Eltern geschieden sind, im Laufe des Bewilligungszeitraums volljährig, kommt es für die Nichterreichbarkeit einer entsprechenden zumutbaren Ausbildungsstätte vom Eintritt der Volljährigkeit an nicht mehr allein auf die Wohnverhältnisse des vorher sorgeberechtigten Elternteils, sondern auch auf diejenigen des anderen geschiedenen Elternteils an (BVerwG, NJW 1988, S. 155).

Zuschuß   Siehe unter: Förderungsarten.

Zweit-ausbildung   Eine Zweitausbildung wird nicht gefördert.
Siehe auch unter: Ausbildung; Abbruch; Wechsel der Fachrichtung.

Dr. Volker Thieler
Ihr gutes Recht als Verbraucher

Dem Konsumzwang der Hochkonjunktur folgte mit der Rezession das Konsumbewußtsein. Der Verbraucher entdeckte seinen Stellenwert. Nicht alles, was teuer ist, muß gut sein!

Was bekommt man als Gegenleistung für sein Geld? Wie wehrt man sich, wenn diese Erwartungen nicht erfüllt werden? Welche Mittel stehen zur Verfügung?
3271-9

Ihr gutes Recht als Mieter

Ihr gutes Recht als Mieter können Sie nur wahrnehmen, wenn Sie es kennen. Durch die klare alphabetische Aufteilung der Kernfragen finden Sie in diesem Handbuch leicht alles Wissenswerte aus dem Miet-Alltag.
3225-5

Ihr gutes Recht bei Gebrauchtwagen

Unbekannt sind vielen die Haftungsrisiken beim Gebrauchtwagenkauf. Unkenntnis und Unklarheiten treten meistens dann auf, wenn durch Gewährleistungsklauseln in Musterverträgen die Haftung ausgeschlossen ist.

Das vorliegende Buch soll hier eine Informationslücke schließen. Abgerundet wird das Werk durch ein Vertragsmuster, das wertvolle Hinweise enthält.

3235-2
Originalausgabe